東京タクシードライバー

山田清機

朝日文庫

本書は二〇一四年二月、小社より刊行されたものです。

本書の登場人物には、仮名表記となっている方もおります。

目次

東京タクシードライバー

第一話　奈落

京葉線新木場駅のガード下に、丸惣という一膳めし屋がある。冷奴、法蓮草《ほうれんそう》のおひたし、〆鯖、マグロの赤身、ポテトサラダなどというざっかけないおかずがガラス張りの冷蔵庫の中にところ狭しと並べられており、それを勝手に取り出してレジへ持っていくとエプロン姿の中婆さんが会計をしてくれる。値段はいずれも一皿一〇〇円、二〇〇円台という手軽さで、瓶ビールを一本飲んでおかずを二、三品頼んでも一〇〇〇円あればお釣りが来る。

丸惣には、午前中から酒を飲んでいる客が多い。それは、このあたりに呑ん兵衛が多いからというわけではなく、運送会社のターミナルや倉庫、タクシー会社の営業所などが新木場駅周辺に蝟集《いしゅう》しているからである。夢の島公園のお膝元であるこの界隈《かいわい》は、おそらく都心に近いわりに地代が安いのだろう。

徹夜でハンドルを握って明け方に仕事を終えたドライバーたちが、丸惣で一杯ひっかけて家路に着く。昼夜が逆転しているだけのことで、やっていることは背広を着たサラリーマンとさして変わらない。ひっそりひとりで飲んでいる人が多い分、集団で騒ぐサラリーマンよりも始末がいいようなものである。

日本交通新木場営業所は、丸惣から歩いて数分の距離にある。

業界最大手の日本交通の営業所の中で、新木場営業所は小さい部類に属する。規模が小さいからアットホームというのが、新木場営業所の〝売り〟である。

大通りに面した正面入り口を入ると、右手に三〇坪ほどの二階建ての事務所があり、その奥にほぼ同じサイズのプレハブが建っている。プレハブの階段の下には自動販売機と灰皿が設置してあり、ドライバーたちの憩いの場所になっているらしい。四、五人のドライバーが缶コーヒー片手にタバコをふかしながら、早朝の光の中で屈託なさそうに談笑している。


会議室のようなしつらえのプレハブ小屋の二階で待っていると、新木場営業所で班長を務める荒木徹（四五歳）が、いささかガニ股気味の歩き方で部屋に入ってきた。引き戸の横の靴箱に放り込んだ黒い革靴は、埃《ほこり》にまみれてカラカラに乾いているように見える。荒木は明け番、つまり徹夜で走ってきた後なのだ。

「だから、日交に就職するまでの話ならできるんですけど。というかさ、俺にはそれしか面白い話はないんだよね。それでよければ」

気が短いタイプなのか、瞼《まぶた》の上を剃って細く整えた眉毛をつり上げ気味にして、荒木は早口でまくしたてる。声はよく通る、乾いたテノールである。

荒木が日本交通に入社することになる経緯は、まるでジェットコースターに乗っているように目まぐるしい。私はその一部始終を聞きながら、宇野千代の『色ざんげ』という小説を思い出していた。たった数日で運命がころころと変わっていく地獄巡りのような日々の中で、荒木はいったいなにを見たのだろうか。

不合理な調停

荒木が、思いあまって茨城県筑西市の自宅を夜中の一一時に飛び出したのは、いまから九年前のことである。家を出るとき、大きめのカバンふたつにリクルート用のスーツ二着と革靴を一足突っ込んだのは、二度と家業である食堂の仕事に戻る気がなかったからだ。

「戻る気もなかったけど、所持金も乏しかったね」

一三年間勤めた会社を辞めて家業の食堂を継いだ荒木には、自分の貯金というものがなかった。一日の店の売り上げは、そのまま店の金庫に入れてしまう。両親と一緒に経営していたから、給与が支給されるわけでもない。必要なときに小遣い銭を使うだけで、独自に金を貯めてはいなかったのだ。

仕方なく、荒木は家を飛び出しざまに母親のへそくりから一万円札を二枚抜き取った。所持金はそれだけだ。へそくりの在処《ありか》は、以前から知っていた。

JR水戸線の下館駅まで一気に走って、東京方面に向かう電車に飛び乗って、深夜、上野駅に着いた。訪ねるあてはなかったから、その晩は上野駅近くのカプセルホテルにおさまった。

いくらカプセルホテルとはいえ、全財産が二万円しかない身の上にとってホテル代を払うのは痛かった。家を飛び出してきたばかりだというのに、荒木はすぐさま金の心配をしなければならなくなってしまった。

翌朝、荒木はカプセルホテルを出ると、その足でコンビニに走ってスポーツ新聞を買い込んだ。三行広告が載っているページを開くと、新聞の販売拡張員募集の電話番号にためらうことなく電話をかけた。勤務先は京成電鉄の堀切菖蒲園。上野からそう遠い距離ではない。

なぜそこに決めたのかといえば、広告の文言の中に「寮完備」の三文字があったからだ。とにかく塒《ねぐら》を確保しなければ、どうにもこうにも気持ちが落ち着かなかった。面接を受けると、その場であっさり採用になった。

寮としてあてがわれたのは普通のアパートだったが、残念ながら給与は日払いではなかった。基本給に契約が取れた件数分の歩合を乗せてくれる仕組みで、給与の支払いはあくまでも月末だ。日払いにすると日当を受け取ったその足で逃亡してしまう奴がいるから絶対日払いにはしないのだと、後になって聞かされた。

日払いではない代わりに、食事代として一日あたり五〇〇円が支給された。わずか五〇〇円とはいえ、金が貰《もら》えて、その上寝るところまで用意してくれるのだからカプセルホテルに泊まり続けるよりましなようだが、世の中甘くはなかった。

「とにかく仕事がえげつなかったね。先輩格の人に契約の取り方を教わるんだけど、外から声をかけてドアが開いたら片足を突っ込んでドアを閉められないようにしろ、なんて言われるわけ。人間的じゃないっていうのかな、自分にはとても我慢できなかった」

もともと荒木は、服地や手芸用品の小売業として有名なキンカ堂に勤めていた。キンカ堂はすでに経営破綻しているが、荒木が勤めていた当時はユザワヤと並ぶ業界最大手のひとつだった。三二歳で食堂を継ぐためにキンカ堂を退職したときの肩書きは、サラディ小山店（栃木県）のマネジャーである。店長に次ぐナンバー2のポジションであり、むろん管理職だった。

組合の支部長も務めたことのある荒木は、仕事ができる人間だった。それは、歯切れのいい受け答えからも伝わってくる。それでも食堂を継ぐことにしたのは、地元筑西市ではそこそこの有名店であったことと、キンカ堂に就職する前からいずれは食堂を継ぐことを両親と約束していたからだった。地方都市の小さな食堂とはいえ、一国一城の主として仕事ができるのは悪くないと、当時の荒木は考えていた。

結婚をして、子供もふたり生まれた。順風満帆に見えた生活にヒビを入れたのは、妻の方だった。結婚前から仕事を持っていた妻は荒木が食堂を継いでからも会社勤めを続けていたが、勤め先の同僚と浮気をしたのである。

食堂の経営に打ち込んでいた荒木には、なんの瑕疵《かし》もない。妻が荒木との生活になんらかの不満を抱えていたのかどうか、それはわからないが、少なくとも荒木は法律的には一切悪事を働いていない。不貞行為を働いたのは妻の方であり、一方的に妻が悪いはずだった。

ところが……。

家庭裁判所の離婚調停で、荒木はとんでもない不合理に直面することになる。第一回目の調停で、こう釘を刺されたのだ。

「奥さんが刑務所でも入らない限り、親権は奥さんの方に行きます。仮に裁判をやったとしても、よほどのことがない限り男性は親権を取れませんよ」

離婚調停が終わるまでふたりの子供は荒木の元にいたが、審判が下り、調停委員の予言通り親権が妻のものになると、ふたりの子供は妻に引き取られていった。荒木は当時六歳だった上の子の小学校の入学手続きまで済ませていたが、その手続きは無駄になってしまった。妻が子供を連れていったその日から、妻子との連絡は家裁経由でしかできなくなった。新しい住所を教えてもらえなかったのだ。

妻からも浮気相手の男からも、慰謝料は取った。しかし、親権をしつこく争おうとしなかったのは、荒木の側に妻に対する未練があったからだ。戻ってきてほしいという気持ちが、心のどこかにあったのだ。

その荒木の未練を、今度は荒木の両親が激しく責め立てた。両親は不貞行為を働いた嫁が憎く、そして同居していたふたりの孫がかわいかったのだ。

「子供を取られたのは、俺が甘いからだというわけよ。お前がもっとがんばれば親権を取れたのにって、毎日毎日口喧嘩になるわけですよ」

特に母親の攻撃は熾烈をきわめた。小さい頃、母親からひどい体罰を受けた記憶を持っている荒木は、父親はともかく、母親が浴びせてくる罵詈《ばり》雑言にはどうしても耐えることができなかった。不合理な裁判の日々にも疲れ果てていた。

「母親は、気持ちのマズイ人でね。俺が元妻の肩を持つようなことをちょっとでも言うとさ、自営だから家族しかいないでしょう、もう家の中がぐちゃぐちゃになっちゃってね。それで、親と決別することにしたわけですよ」

真夜中に大きなバッグをふたつ抱えて家を飛び出した荒木は、母親の罵声からは逃れることができたが、飛び出したその日から、今度は金に追い回されることになったのである。

ホームレス頭

結局、堀切菖蒲園の新聞拡張員の仕事は、一週間で辞めることにした。

「俺も気持ちが乱れてたからさ、販売店には連絡もなにも入れずに、また大きなバッグを抱えて黙って夜逃げをしたわけですよ」

所持金は、一週間でほぼ底をついてしまった。上野駅まで戻ってはみたものの、すでにカプセルホテルに泊まれるだけの金はなかった。仕方なく、不忍池のほとりのベンチで夜を明かすことにした。

「えらく蚊に食われたのを覚えているから、もう初夏だったんだろうな。寒くはなかったよね。先住民っていうか、不忍池周辺に居ついてるホームレスがたくさんいて、ああいう世界は男だけの世界だからさ、ホモがいるんだよ。ベンチで寝ていて人の気配でふと目を覚ますと、知らない奴に股ぐらを探られてる。あれが一番怖かったね」

残りわずかとなった所持金を極力減らさないように、コンビニでおにぎりを一日に一個だけ買い、後は公園の水道で水を飲んで飢えをごまかした。アメ横を歩き回って金が落ちていないか探し回ったりもしたが、そう簡単に現金は手に入らない。そのうちアメ横のパチンコ屋の店内にただでジュースが飲める機械が設置してあるのを知って、日に何度もジュースを飲みに通うようになった。

「それでも、デパートの試食だけには手を出せなかったね。死ぬほど腹は減ってたけど、試食品だけは食べられなかった。汚れたジーンズとジャンパーを着ててさ、風呂に入ってないからたぶん臭いもしてたんだろうし。それまでちゃんと仕事をしてきた人間だぞっていうプライドもあったかもしれないな」

ベンチで寝起きをして一週間がたった頃、ホームレス支援団体を名乗るＮＰＯ法人の職員が声をかけてきた。一応スーツは着ていたが、どことなく板についていない感じである。それでも、部屋を提供してくれて、三度三度食事も出してくれるのだという。ホームレスの生活にほとほと疲れ切っていた荒木は、迷わずＮＰＯ法人の職員についていくことに決めた。

不忍池の外れからマイクロバスに乗せられて、着いた先は、横浜の青葉台にある小綺麗なマンションだった。そこが、NPO法人の施設だという。

施設の中は清潔だった。相部屋だったが、二四時間沸かしっぱなしの風呂もあり、生活をするにはなんの不自由もなかった。約束通り、寮母が食堂で作ってくれる食事が三食出たし、部屋に閉じ込められることもなく外出は自由。さらに、月に四万円の「就職活動費」が支給された。使い方は本人任せだったから、酒にもタバコにも困らなかった。

不忍池のほとりのベンチに比べれば極楽のような生活だったが、荒木はその施設の奇妙な成り立ち方を徐々に理解していくことになる。

「先に施設に入っていた仲間が、ここの職員は〝人さらい〟って呼ばれてると言うんだよね。どういうことかというと、俺みたいなホームレスをさらってきて、施設のある住所に住民登録をさせて役所に生活保護の申請をさせるわけよ。当時は月に一四万円ぐらい出てたと思うけど、そのうちの一〇万円をNPO法人が取っちゃう。そして残りの四万円を俺たちに渡してくれるわけだ。その施設にはホームレスが常時六〇人ぐらいいたから、つまり、NPO法人はホームレスをさらってきて飯を食わせるだけで六〇〇万の身入りってことになる。

施設に入ってる仲間には、年寄りが多かったね。あと、紋々背負った人たちも大勢いた。不忍池に俺をさらいに来た職員も、たぶんホームレス上がりだと思うよ。背広がぜんぜん着こなせてなかったから」

荒木は当時、三六歳だった。施設にいるホームレス仲間の中では、抜群に若くて生きがよかった。時々監督に現れる施設のオーナー（NPO法人のトップ）はどう見ても堅気の人間ではなかったが、こともあろうに荒木はその男に見込まれてしまった。

「一カ月に一度、みんなで区役所に生活保護の申請に行くんだけど、その先導役をやれと言うわけよ。六〇人いっぺんに行くと目立つから、五、六人ずつに分けて連れていくわけだよ。あと、施設の中では金を貸したの借りてないのっていう喧嘩《けんか》がよくあったから、それを調停する役をやれとかね。要するに〝ホームレス頭〟をやれということですよ」

施設の住人には、そこから抜け出したいと考えている人間はほとんどいなかった。特に高齢者は、ここに居られるだけ居て、できればここで骨を埋めてしまいたいという人間ばかりだった。荒木より若い男がひとりだけいたが、彼もそれほど強く抜け出したいとは思っていないようだった。毎月支給される四万円の「就職活動費」

を、酒を飲んだりキャバクラに行ったりして、その日のうちに使い切ってしまう人間も多かった。荒木はその青葉台の寮で、だらだらと半年近くを空費してしまった。

転機は、皮肉なことにヤクザ風のオーナーによってもたらされた。

東京の三鷹市にもう一棟施設をつくったから、そこの管理人をやらないかと持ち掛けられたのである。要するにNPO法人の職員になれ、仲間になれというのだ。

〝ホームレス頭〟をやらされていた荒木は、就職活動をほとんどできずにいた。こんなところに長く居てはいけないと焦る反面で、路上生活に戻るのだけは二度とごめんだった。だから、ズルズルと施設に居ついてしまっていたのだ。NPO法人にしてみれば、施設に居てくれさえすれば金になるのだからそれで文句はない。

「実を言うと、三鷹の施設を見に行くことは行ったんですよ。それが、三鷹市役所の真ん前に建っているわけさ。驚いたね。生活保護の手続きに行きやすいのは確かだけどさ」

もしもこのとき、件《くだん》のオーナーに「イエス」と答えていたら、荒木はいまでも三鷹の施設の管理人をやっていたかもしれない。

「でも、ホームレスの寮の管理人ってさ……」

このままでは、人間としてダメになってしまう。そう思った荒木は、またしても突然に施設を引き揚げることを決意する。荷物をまとめて、携帯電話を買った。ただひとり、自分よりも年が若かった男に携帯の番号を伝えた。

「彼はもともと建設関係の仕事をしていたらしいけど、悪い奴じゃなかった。早くこんなところ出ようぜって話し合っていたんだけど、やっぱりホモっ気があって、ちょっと困ったりもしたね」

寮を引き揚げて荒木が向かったのは、新宿歌舞伎町に本部を構えるテレクラチェーンだった。横浜の職安で紹介された仕事である。

なんでまたそんな危なそうなところへと思わないでもないし、職安が風俗関係の仕事を斡旋《あっせん》するのも驚きだが、なにしろ荒木のネックは住居だった。敷金、礼金、前家賃を払えるだけのまとまった金はなかったから、就職したその日から移り住める部屋があることが必須条件だったのだ。そして、そのテレクラチェーンには、寮があった。

所持金は四万円。毎月支給される「就職活動費」に手をつけずに貯めておけば、もう少し大きな金額になったのかもしれないが、かなりの部分が酒やタバコに消えてしまった。寮の食事に飽きて外食の回数を増やしてしまったのも、所持金を減らす一因になった。

「きっとそういうところが、俺っていう人間の甘いところなんだろうね」

職安で教えてもらった住所を頼りに花園神社近くの古い雑居ビルを探し当て、エレベーターで最上階に上がると、いきなり社長室に通された。今度は〝ヤクザ風〟ではなく、紛れもない本物のヤクザが目の前の椅子にふんぞり返っていた。

「社長」と呼ばれるその男は、派手な刺繍《ししゅう》をほどこした臙脂《えんじ》色のガウンを着て、首にも腕にも光り物をジャラジャラと巻き付けていた。年格好は六〇前後、頭は丸坊主だった。スーツを着た秘書らしき男が隣に立っていたが、その男はいたって普通のサラリーマン風だった。

開口一番、荒木は最も重要なことを坊主頭に確認した。

「寮はあるんですよね」

「そんなもんあるかよ」

「それじゃ、職安が言ってる条件と違うじゃないですか」

「そんなこと知るかよ」

なにしろ、NPO法人の施設は引き揚げてきてしまったのだ。荒木には相手の受け答えを怖がっている余裕などなかった。

「寮がなければ就職はできません。契約は破棄させてもらいます」

交渉はあっけなく決裂してしまった。社長室を出ると、もうひとつ別の部屋があるのが目に入った。テーブルにたくさんの女性が並んで座っている。全員ヘッドマイクをつけて、しきりになにかしゃべっている。

「たぶん、あれはテレクラのサクラだったんだろうね。ああ、世の中こういうふうにできてるのかと思って、なんだか感心しちゃったよね」

筑西を飛び出したときの二倍の所持金があるとはいえ、ホテルに泊まればあっと言う間に消えてしまう。しかし、もう二度と路上には戻りたくない。

テレクラの本部を後にすると、荒木はその足でコンビニに走り、再びスポーツ新聞の三行広告で「寮完備」案件を探した。

タコ部屋の住人たち

荒木が歌舞伎町から直行した「寮完備」案件は、吉原のソープランドだった。

仕事内容は、客の呼び込みである。新聞の販売拡張員のときと同じように、面接を受けるとその場で即採用になった。

寮は台東区の千束にある普通のアパートだったが、今度はいわゆるタコ部屋だった。六畳一間に、五人の男が雑魚寝をしていた。荒木は六人目の住人ということになる。

シフト勤務だったから、昼間寝ている人もいるし夜寝る人もいる。常に誰かが寝ているから、声を出してしゃべることはできない。それどころか、お互いに目も合わせなければ挨拶も交わさない。完全に没コミュニケーションの世界だった。

仕事は最悪だった。

吉原には格式の高い高級店もあるが、荒木が採用されたのは激安店であり、店長クラスは全員チンピラ風の若者だった。店の規則として叩き込まれたのは、ソープ嬢を見てはいけないということだった。ましてや、話し掛けるなどもってのほか。金蔓《かねづる》であるソープ嬢とタコ部屋の住人が接点を持つことなど、絶対にあってはならないことであった。

ところが、少々おっちょこちょいなところのある荒木は、とんでもない失態をしでかしてしまう。客が入っている部屋のドアを、間違って開けてしまったのだ。

「いやあ、あのときは顔以外のあらゆる部分を蹴られて、殴られて、ボコボコにされましたね。テレビで殴り合いのシーンとかよくあるじゃないですか、あれ、実際にやられるとものすごく痛いんですよ。特に太ももを蹴られると痛かったね」

それ以来、ソープ嬢の方を見たと難癖をつけられては蹴られ、仕事のやり方がなってないと言われては殴られ、荒木はわずか一週間のうちに二〇回以上ものリンチを喰らうハメになった。要は、チンピラたちの憂さ晴らしの道具にされてしまったのだ。

一週間目の夜、どうにもこうにもリンチに耐え切れなくなった荒木は、給料を一度も貰わないまま再び夜逃げをした。タコ部屋の住人とは、ついに一言も口をきかず終いだった。

「俺以外の五人の男が、いったいどこの誰でなにをしてきた人間なのか、最後までまったくわからなかった。はっきり言えるのは、あそこが〝究極の職場〟だったということだけだね。たぶん、あそこよりひどい職場はないんじゃないかな」

まさに奈落の底である。

NPO法人の施設で貰った四万円は服と靴を買ってしまったこともあって、ほとんど残っていなかった。千束のアパートを出て上野に戻り、最初の晩に泊まったカプセルホテルに再び泊まったが、連泊するだけの余裕はなかった。

翌日、新調した服を着込んで北千住にあるすばる交通というタクシー会社に面接に行った。採用してくれると言われたが、給与の支払いが二カ月先になると言われて断念した。

三度《みたび》、スポーツ新聞の三行広告で仕事を探していると、横浜にあるN総業という人材派遣会社が「寮完備」の募集広告を出していた。北千住の電話ボックスから電話をかけると、仕事があるからすぐ面接に来いという返事である。

住所を頼りに人材派遣会社を訪ねてみると、そこはごく普通のマンションの一室だった。照明を落とした薄暗い室内に、四〇代後半とおぼしきサラリーマン風の男がひとりいて面接をしてくれた。男が言った。

「うちは健康でさえあれば、履歴書も健康診断書もいらないんで」

荒木の他にかなりのロートルが三人面接に来ていたが、全員採用されることになった。

「いまになって思えば、ホームレスを集めていたNPO法人よりも、この人材派遣会社の方が本物の人さらいだったかもしれないね」

面接が終わると、サラリーマン風の男が言った。

「いまから新横浜駅に行って、新幹線に乗るからね」

言われるままに新横浜駅から新幹線に乗って、降りろと言われたのは豊橋駅だった。荒木が連れていかれたのは、I精機の自動車部品工場である。

I精機といえば、トヨタ系列の大企業である。売り上げは二兆円以上。さすがにテレクラチェーンとは違って、今回は約束通り立派な寮があった。相部屋だったが間取りは3LDKもあり、給料は手取りで一八万円。しかも、日当のほぼ半分に当たる五〇〇〇円を前払いしてくれるという。これまでの仕事に比べれば、格段の好条件である。

「健康診断を受けたら、人材派遣会社から行った四人の中で俺が一番適性がいいというんで、一番いい仕事を回されることになったんだよね」

荒木が入ったのは、自動車のトランスミッションをつくるラインだった。トランスミッションは複数の歯車で構成されており、ベルトコンベアの上を流れてくるトランスミッションのケースに歯車をひとつひとつ組み付けてつくっていく。荒木はその歯車を補充する役割を命じられたのである。

電気自動車に乗ってラインを巡回しながら、不足している歯車を補充していく。手作業で歯車を組み付ける仕事に比べれば、はるかにきれいで楽な仕事だった。ところが、楽な仕事を与えられたことが裏目に出てしまった。

「電気自動車の後ろに歯車をたくさん積んで工場の中を走り回るんだけど、危険防止のために走行中はチャイムが鳴るようにできている。そのチャイムの音が近づいてくるとラインに張りついてる奴らがさっと足を出して、電気自動車の後ろを蹴るんだよ。それをやられると、歯車が床に落ちちゃうんだよね」

一回蹴られると五、六台分の歯車が床に散らばってしまう。トランスミッションは自動車の中で最も精密なパーツのひとつであり、少しでも歪んだり傷が入ったりするとまずいから、一度でも床に落ちた歯車は不良品として扱う規則だった。不良品の発生はすべて荒木の責任にされ、歯車の代金を給与から天引きされることになった。

「これじゃあ、いくら働いたって金にならないのは目に見えていた。常駐してる人材派遣会社の人に配置換えを頼んだんだけど、まったく聞き入れてもらえなかった。足を出してくるのは、茶髪にピアスをした若い正社員の連中だったたね」

なぜ、正社員がそんないじめをしたのかといえば、そもそも電気自動車の運転は正社員の仕事だったらしいのだ。そのポジションがたまたま空いたとき、偶然に生きのいい荒木が飛び込んできた。正社員たちは、派遣社員に自分たちの職場をひとつ奪われてしまうと恐れたのではないか。そう荒木は推測する。

働けば働くほど、むしろ借金が増えてしまう。しかも、正社員による陰湿ないじめは日を追うごとにエスカレートしていった。正社員たちも仕事を守るのに必死だったのだ。

場長にも気に入られていたし、寮で同室になった関西出身の若者ともうまくいっていたから惜しい仕事ではあったけれど、荒木はわずか一〇日ほど勤めただけでI精機を去ることを決意した。例によって、突然の夜逃げである。

「夜中の一二時頃に荷物をまとめて寮を出て、同じ部屋の若い人に外から電話して、東京に戻るとだけ伝えたね」

寮を出たときの所持金は、五〇〇〇円を切っていた。この手持ちで東京まで戻るのはたぶん無理だろう。そう判断した荒木は東名高速豊川インターの入り口まで歩き、段ボールに「東京」と大書してヒッチハイクを敢行した。

深夜だから、通るのは長距離トラックばかりである。トラック運転手には人情を解する人が多いのではないかと思っていたが、現実はそうではなかった。まったく止まってくれない。何十台ものトラックが通り過ぎた後に、ようやく一台が止まってくれた。佐川急便のトラックだった。運転席に駆け寄ると、ドライバーがウインドウを下ろしてこう言った。

「営業車両はヒッチハイクを乗せちゃいけないって知らないのか。こんなところで待ってたって誰も乗せてくれないぞ」

事故を起こしたときに同乗者の分まで補償しなければならなくなるから、ほとんどの運送会社がヒッチハイカーを同乗させることを禁止しているという。必ずしも、トラック野郎の人情が薄くなったわけではなかったらしい。

最後の一〇〇円玉

ヒッチハイクを諦めた荒木は、もはや荒木らしいとしか言いようのない挙に出る。国道一号線を東京に向かって、ひたすら歩き始めたのである。夜明けまで歩いてJRの駅にたどり着き、近くの交番で「東京までの電車賃を貸してくれ」と頼んだが断られてしまった。仕方なく全財産を投じて行けるところまでの乗車券を買うことにしたが、案の定、静岡までしか買うことができなかった。

東海道本線を静岡駅で降りて、残っていた小銭で〝最後の晩餐《ばんさん》〟をやってしまった。

「俺はこういうところがゆるいんだと思うけど、腹が減ってどうにもならなかったんだよね。コンビニでおにぎりを一個買って、タバコをひと箱買っちゃった」

万策尽きた荒木の手には、一〇〇円玉が一枚だけ残っていた。荒木はこの最後の一〇〇円玉に賭けた。これまでの人生で一度も人を頼った記憶はなかったが、親友に電話をかけて、もしも彼が電話口に出てくれたら、銀行口座にいくらでもいいから金を振り込んでくれと頼むつもりだった。

「公衆電話から電話をしたら、昼間だったのに偶然友達が電話口に出たんだよ。一〇〇円玉一枚じゃ事情を説明してる時間はないから、とにかくいまから言う口座番号にいくらでもいいから金を振り込んでくれって頼んだんだ」

二時間後、荒木の銀行口座に二万円が振り込まれていた。荒木の放浪生活の、大きなターニングポイントだった。

親友が振り込んでくれた金でスポーツ新聞を買い、三行広告を漁《あさ》った。神奈川県の大船で新聞配達員を募集していた。今度は拡張員ではなく配達員だ。しかも、寮があるだけでなく、借金を整理してくれるという但し書きまでついていた。

実を言えば荒木は、元妻が四社のサラ金でこしらえた約一八〇〇万円の借金を背負っていたのである。荒木が蒸発してしまったために、万一、子供のところに取り立てが行くような事態になってはまずいと、ずっと気にかけていた。元妻のためではなく、元妻と一緒に暮らしている子供のため、借金返済に手をつけなければならないと考えていた。

大船の読売新聞専売所に行くと、やはり即日で採用が決まった。朝刊と夕刊を両方配達して、月に一七万円。寮費を五万円引かれるから、手取りは一二万円だった。

「大船の山の中腹にある古い木造アパートでね、ムカデやらクモやらネズミやらが多くてひどい環境だったけど、広告にあった通り、弁護士が債務を一本化してくれて過払いになっている利息もカットしてくれた。それよりなにより、配達所の人がまあまあ人間扱いしてくれたのが嬉しかったよね」

荒木が東京まで戻らずに途中の大船で仕事についたのには、神奈川県が好きだったという理由もあった。

「俺、小学校一年から三年まで、川崎市の生田というところで過ごしてるんですよ。親父が読売ランドの中のレストランで仕事をしていてね。その頃の暮らしがすごく楽しかったんで、いまでもお客さんを乗せて生田方面に行くことがあると、そのまま帰ってこないよね。どうしたって懐かしいところを回っちゃうよ」

大船の専売所で、荒木は半年を過ごした。月給はちゃんと貰っていたが、借金の返済が月に五万円あったので、寮費を払うと手元にはほとんど残らなかった。なんとかもう少し実入りのいい仕事を探さなければ、いつまでたってもこのオンボロの木造アパートから脱出することはできない。

荒木は新聞配達を辞めて、タクシードライバーにトライすることを決心した。

乗務員の募集広告を探していて出会ったのが、日本交通だった。荒木は日本交通が大手なのかどうか知らなかったし、知りたいとも思っていなかった。しかし、当時の日本交通は大宮に寮を持っていた。相変わらず荒木には、寮の存在が必要不可欠だったのだ。だから日本交通を選んだだけのことだった。

日本交通にはSKC（総合研修センター）という施設があり、そこで教習を受けながら二種免許の試験を受けることになる。面接に合格した荒木は、大宮の寮に入ってSKCに通うつもりで大船の新聞専売所の寮を引き払ってしまったが、なぜか大宮寮への入寮を許可してもらえなかった。

「同期で入社した連中はみんな寮に入っていたんだけど、どうして俺だけダメだったのか、いまだにわからないんだよね」

それまでの経歴がなにか引っかかったのか、荒木の態度に問題があったのか、あるいはその両方なのかいまとなっては知る由もないが、ともかく寮に入ることはできなかった。荒木は半年間の新聞配達で貯めたわずかな貯金をはたいて、日本橋蛎殻町にあるウィークリーマンションを一週間借りることにした。この一週間で二種免許の試験に合格して大宮寮への入寮を許可されなければ、不忍池の畔《ほとり》に戻るしかない。背水の陣である。

　ところが……。

　荒木は、一回目のトライで学科試験に落ちてしまったのである。ほとんどの人が一度は落ちる路上試験には一発で合格したというのに、〝誰でも受かる〟学科試験に落ちてしまった。そして、次の学科試験があるのは、奇《く》しくもウィークリーマンションの契約が切れる最終日だった。

「金もないし、他にやることもないから、ウィークリーマンションの部屋で一日中学科のテキストを丸暗記したよね。あのときは本当に必死で勉強したよ」

　二度目の挑戦で、荒木は無事、学科試験に合格した。そして、学科試験の合格当日、偶然にもＳＫＣで当時の大宮寮長と話す機会を得た。寮長は「君だけ入寮させないなんて話は聞いてない。大宮寮に来ればいいじゃないか」と言ってくれた。

　地獄で仏とはこのことだろう。荒木はウィークリーマンションを引き払うと、その足で大宮寮に入寮したのである。

　筑西市の実家を飛び出してから、一年半の歳月が流れ去っていた。大宮寮に落ち着いて、荒木は本当に久しぶりに「ほっ」とひと息ついた。

「大宮寮の寮長さんはもう引退なさったけど、俺は本物の親父だと思ってる。日交もあれやれこれやれと厳しい面はあるけれど、俺を拾ってくれた会社だから恩がある。理不尽なお客さんも多いけどさ、恩返しはしなくちゃいけないよね」

そういえば荒木は、大船の新聞専売所時代、例のNPO法人の施設に差し入れに行ったことがあったという。年下の〝ホモっ気がある若者〟のことが気になっていたのだ。

新聞配達用のスクーターの荷台に缶ジュースを三箱積んで行ってみると、その若者はまだ施設で暮らしていた。携帯の番号は施設を出たときに伝えてあったが、いまにいたるまで彼からの連絡はないという。

短気は損気

日本交通では、正社員になることを「上申」と呼ぶ。

各営業所が抱えている試用期間中のドライバーで、十分に実力がついたと判断された者から順番に推薦されて、本社から正社員の資格を貰う。要するに上申とは、「上に申告する」という意味なのだろう。学科と路上試験に合格し、難関である地理試験にも一発で合格した荒木は、品川の八潮営業所に配属されて四カ月後に上申となった。

新人のタクシードライバーのネックは、地理である。客に指示された地名、駅名、建物名、施設名を知らない。名前を知っていても、そこまでの経路がわからない。道順を教えてくれる客ならいいが、客によっては「道順を教えてほしい」と言ったとたんに車を降りてしまうこともある。「道がわからない」というドライバーを、ここぞとばかり罵倒《ばとう》する客もいる。新人には、それが一番怖い。

しかし、荒木は愛知県から国道一号線を歩いて東京に戻ろうとしたほどの男だ。地理不案内のハンデなど、ものともしなかった。

「初年度は、とにかくがむしゃらに走り回った。そうしたら水揚げ（営業収入）が七五〇万円を超えちゃったんですよ。一年半で借金を全部返して、しかも気がついたら一五〇万円の貯金ができていた。もう、金が貯まって貯まって仕方なかったね」

荒木がホームレスぎりぎりの生活から這《は》い上がれたのは、なぜだろうか。もちろん年齢が若かったということもあるだろうが、なにが鍵だったのか。

「境目はＮＰＯ法人の施設にいたときかもしれないね。あそこで三鷹の施設の管理人にならないかと誘われたとき、イエスと言っていたらいまの俺はいなかった。ホームレスの管理人はちょっとねという気持ちもあったけれど、やっぱり、人様が払った税金を食い物にするような仕事はやりたくなかったんだよ。俺にもプライドがあったからさ」

一年半の放浪生活の間、荒木の頭を占拠していたのは、「明日死ぬかもしれない」という恐怖感だった。

「朝から水しか飲んでないよな、最近肉食ってないよな、借金どんどん膨らんでるんだろうな、このままじゃヤバいよな、明日死んじゃうかもしれないなって、そんなことばっかりグルグルグルグル考え続けていたね。でも、盗みやかっぱらいだけはやらなかった。その一線を越えなかったのは、どうしてかな。目標も目的もない生活だったけれど、とことんヤバくなると、もう一度だけ子供に会いたいという思いが出てくるんだよね。そういう思いだけは強くあった。元妻のことはまったく思い出さなかったけれど」

出奔当時、六歳と四歳だった子供は、もう一五歳と一三歳になっているはずだ。荒木は家庭裁判所経由で妻子に何度か手紙を送ったが、返信は一度もない。調停で元妻と取り決めた子供との面会の約束も一度も履行されたことはなく、いまだに音信不通のまま。つまり荒木は、子供たちが筑西の実家を出ていってから、一度も会っていないのだ。もちろん、両親にも会っていない。

「子供たちのことはずっと心に引っかかってるけど、もう無理かな。筑西の両親は、弟がいるからなんとかやってるんじゃないかと思うけど」

荒木は、タクシー業界で生き残る術《すべ》をこう語る。

「この業界に入ってくる人って、特にいい大学を出たような人はさ、タクシーの仕事を見下してる場合が多い。でも、この業界に入ったからには、不合理を耐え忍ばないとダメなんだ。耐え忍んでいれば、おのずと道は拓けてくる。短気は損気って言うじゃない」

どん底の生活を経験して、「なんにでも耐えられる体に生まれ変わった」と荒木は言う。

「短気は損気」は、激しい体罰の記憶を荒木に残した、母親の口癖だった。

第二話　福島

以前、取材で会津若松市に出かけたことがあった。東北新幹線の郡山駅から磐越西線に乗り換えていったのだが、まだ雪の残っている季節で、雪原の中をずいぶん長いこと走った記憶がある。会津若松駅に降り立つと駅舎の天井から大きな木の板がぶら下げてあって、そこにはたしか黒い筆文字で、「ならぬことはならぬものです」と書かれていた。

取材を終えて帰りの電車に乗り込む前、会津若松駅前の居酒屋で一杯やりながら同行の編集者に向かって、

「福島ってさ……」

と話しかけると、突然、近くに座っていた見知らぬ中年男に訂正を受けた。

「ここは福島じゃない。会津だ」

会津若松市も福島県の一部なのだから、福島と呼んでも差し支えないとよそ者は思うのだが、地元の人にとって、会津を福島と一緒にされることは我慢ならないことらしい。

東京に戻ってから調べてみると、福島県は大きく三つの地域に分かれており、福島県を縦走する阿武隈山脈の東側の太平洋沿岸地域を「浜通り」、阿武隈山脈とやはり福島県を縦走している奥羽山脈にはさまれた県央地域を「中通り」、そして奥

羽山脈の西側の地域を「会津」と呼ぶことがわかった。

　現在の福島県は、そもそもは別々の県であったこの三つの地域が統合されたものであり、三つの地域は歴史的な背景を異にするだけでなく、いまだに文化的な違いが大きいらしい。山脈を跨《また》いだ文物の交流は、昔もいまも乏しいのだろう。

　ちなみに、私が見た会津若松駅の木の看板に書かれていたのは、会津藩の藩校・日新館に入る前の会津藩士の子供の教育に使われていた、「什《じゅう》の掟《おきて》」というものらしい。什とは一〇人前後の子供の小集団であり、「什の掟」をしっかり守っているかどうかをその小集団でチェックし合ったそうである。掟を破った子は、什の仲間から罰則として竹篦《しっぺい》（しっぺのこと）をされたりしたというから、厳しいようなかわいいようなものである。

「什の掟」は小集団ごとに若干の違いはあったようだが、最後の一行だけは必ず同じだった。代表的な「什の掟」を記してみよう。

一、　年長者の言ふことに背いてはなりませぬ
二、　年長者にはお辞儀をしなければなりませぬ
三、　嘘言を言ふことはなりませぬ

四、卑怯な振舞をしてはなりませぬ
五、弱い者をいぢめてはなりませぬ
六、戸外で物を食べてはなりませぬ
七、戸外で婦人と言葉を交へてはなりませぬ
ならぬことはならぬものです

（会津藩校　日新館HPより）

このような掟を互いに守らせ合う仕組みが白虎隊の悲劇を生んだと言われているようだが、そうした仕組みは必ずしも会津の専売特許ではない。中通りにある二本松市の前身である二本松藩にも二本松少年隊なるものが存在し、戊辰戦争で官軍に抵抗して、たくさんの少年兵が戦死している。もっとも、戊辰戦争当時には二本松少年隊という呼称がなかったため、白虎隊ほどには有名にならなかったが、厳しい倫理によってお互いを縛り合い、武士としての倫理を守るためにはたとえ少年でも死を厭《いと》わなかったという意味で、会津の白虎隊とよく似ている。

日本交通千住営業所に勤務する高木栄一（五二歳）の生まれ故郷は、福島県の中通りのある町だ。中通りまではいいけれど、そこから先の町名は伏せて、名前も仮

名にするという約束である。むろんそれには理由がある。

生々流転

高木の半生をひとことで言い当てるとすれば、生々流転という言葉が最も似つかわしい。

生々流転という言葉は、必ずしもマイナスな意味を帯びた言葉ではない。物事が次々と移り変わっていく様を形容する言葉であって、流浪や転落を意味するわけではない。

高木は中学校を卒業すると同時に、中通りにある故郷の町を出て東京に就職している。

初めて勤めたのは、埼玉県の川口市にある機械加工の会社だった。一九七〇年代の初め頃のことだから、列車に乗って集団就職したわけではない。高木が通っていた中学校とその機械加工の会社の社長の間につながりがあって、毎年、卒業生のうちのひとりがその会社に就職していたのである。

中通りにある実家まで、社長が車で迎えにやってきた。社長の車に身の回りのものを詰めた荷物と一緒に乗り込むと、車はそのまま川口にある会社の寮へ向かった。月給は四万五〇〇〇円という約束である。

会社では旋盤やフライス盤の使い方を教わったが、わずか一年で辞めてしまった。なぜかといえば、就職と同時に入学した定時制高校で、同級生たちからいろいろな情報を吹き込まれたからだ。定時制高校の生徒は、基本的に昼間働いている。高木の会社よりも給与がいい会社がいくつも存在することが、いやでも耳に入ってきた。最初に転職したのは、同じ川口にある大きな鋳物工場だった。四万五〇〇〇円だった月給が、一挙に六万円に増えた。いきなり一万五〇〇〇円の給料アップは、当時の高木にとっては大きかった。

しかしこの会社も、三年間勤めて定時制高校（四年制）を卒業すると同時に辞めてしまった。大学の推薦入試に落ちた高木は、なんとかステップアップするために、一年間、職業訓練校に通うことにしたからである。

職業訓練校を修了すると、今度は東京にある建築資材を扱う会社に就職した。大手アルミサッシメーカーの代理店で、建具の工事を請け負う会社だった。高木は真面目に働いたが、入社してわずか三年でこの代理店は倒産してしまった。

高木を含めた三人が、親会社であるアルミサッシのメーカーに嘱託として雇われ、やがて親会社が一〇〇％出資する代理店に就職を斡旋してもらうことができた。今度は建材とガラスの卸しが仕事である。

この会社には四年ほど勤めた。しかし、どうしても直属の上司と反りが合わなかった。

「私はもともと内気な性格なので、仕事を任されてしまうと、たとえ自分の思い通りにならなくても、嫌と言えずにじっと我慢をしてしまうのです。ところがあるとき、我慢が限界に達すると、いきなり爆発してケツをまくってしまう癖があるのです。責任感も強かったと思いますが、能力がないわりにプライドが高かったので……」

上司とやり合って代理店を辞めてしまうと、今度は、ある大企業の飲料部門に転職をした。ボトルカーと呼ばれる専用のトラックに乗って、自動販売機や小売店に商品を補充して回る仕事である。

この仕事は、高木にとって最悪の仕事だった。

缶コーヒーや缶ジュースの詰まったケースを積んだり降ろしたりするのが辛かったわけではない。農家の次男坊である高木には、力仕事を厭う気持ちは薄かった。

問題は〝ある大企業〟の体質だった。

特殊法人が民営化されて誕生したその会社は、民営化の後も半官半民的な体質がまるで抜けていなかった。トップダウンというより、お役所的な上意下達の風土が濃厚に残っていた。現場の意見を吸い上げる仕組みなぞ、まったく存在しない。

「私は毎日毎日現場を回っていたので、どの商品が売れるか売れないかよくわかっていたし、小売店からのいろいろな要望も毎日聞いていました。要するに市場のことをよく知っていたのです。でも、上の人たちは『作ったものは売れ』の一点張りでした」

営業所でボトルカーに商品を積み込むとき、「この商品は絶対に売れませんよ」といくら訴えても、ただ「売ってこい」と言われるだけ。納品したところで、結果は返品の山であることは目に見えていた。

重たい飲料のケースをボトルカーに積み込み、小売店でそれを降ろしては、再び同じケースを回収してくる馬鹿馬鹿しさ。営業所長に訴えると、

「それは上の人の問題であって、私の問題じゃない」

と一蹴された。

「せめて、人間として言葉を聞いてほしかったです」

高木は〝ある大企業〟を四年で辞めて、タクシー業界に転じた。

「タクシーの仕事は世間から認知されていないし、タクシー運転手には世間とは違う方を向いている人が多いと思っていたので、あまり好きではありませんでした。でも、会社組織の中ではうまくいかなかったし、個人タクシーという道もあると思ったのです」

中学卒業と同時に就職して、いくつかの職業を転々として、結婚もしないまま、すでに三三歳になっていた。

二番手走法

結局高木は、あまり好きではなかったはずのタクシー業界に、丸一九年もいることになった。

個人タクシーの開業資格は、タクシー会社に一〇年勤務すれば獲得できる。高木の同期生は高木以外に三人いたが、一〇年目に全員個人タクシーに変わっていった。しかし、高木はそうはしなかった。

「私の場合、営業収入が結構よかったので、無理して個人に行く必要がなかったのです」

特にバブルが崩壊した後の九三年頃に、事実上の完全歩合制が導入されてからは、仕事ができるドライバーの給与は大企業のサラリーマン並みによくなったという。当時、高木の営業収入は一カ月に九〇万円前後あり、ドライバーの取り分が五〇％強だったから、四五万円以上の月収があった。その上ボーナスも、平均で年間一五〇万円近く出ていた。〝ある大企業〟とは雲泥の差である。高木によれば、この頃が日本のタクシー業界の黄金時代であった。

タクシードライバーに仕事ができるもできないもあるまいと思う人がいるかもしれないが、それははなはだしい誤解である。ちょっとした工夫の積み重ねによって、営業収入は大きく変わってくる。

「たとえばですが、なるべくタク券のお客様をお乗せしたいと思ったら、絶対に集団の先頭を走ってはいけないのです。必ず二番手を走る。これが鉄則です」

高木は「なか（中央、千代田、港の三区のこと）」での営業を得意としている。そして、「なか」には勤め先の会社からタクシーチケットを支給されているサラリーマンが数多く棲息《せいそく》している。当たり前の話だが、タクシーチケットを使うと運賃の支払いは会社がしてくれるわけだから、タクシーチケットを使う客はロング（長距離）である可能性が高いのだ。

だから、タクシードライバーとしては現金客よりもチケット客の方を乗せたいわけだが、いかんせんタクシーは乗車拒否ができない。道端で手を挙げている客に出くわしたら、絶対に車を止めて乗せなくてはならない。その客がタクシーチケットを持っているか否かは、乗せてみるまでわからないはずである。

「ところがですね、常に二番手を走ることによって、タク券のお客様をお乗せする確率を高めることができるのです」

どういうことか。

「二番手を走ることで、お客様に選んでいただける状況をこちら側がつくり出すのです」

「なか」はタクシーの台数が多いから、自然に数台のタクシーと一緒に流すことになる。この際、タクシー集団の先頭を走っていると、乗車拒否はできないから、最初に出くわした客の前で止まらなくてはならないことになる。

では、他社のタクシーを一台先行させて、二番手を走っている場合はどうだろうか。

もしも、手を挙げている客がタクシーチケットを持っておらず、どの会社のタクシーに乗ってもいいと思っていれば、先頭を走っているタクシーを止めるはずだ。

しかし、その客が自社のタクシーチケットを持っていたら、先行する他社のタクシーをやり過ごして自分の車を選んでくれるはずである。

つまり、他社のタクシーを一台先行させることで、乗車拒否という法律違反を犯すことなく、タクシーチケットを持っていない客をスルーできるのだ。いや、もっとあからさまな表現をしてしまえば、タクシーチケットを持っていない短距離の客は他社のタクシーに掴《つか》ませておいて、タクシーチケットを持った、つまりロングを期待できる客だけを拾って歩くことができるのである。

高木は忙しい時期ほど、この鉄則を墨守《ぼくしゅ》する。タクシーの利用客が多い時期は、当然、現金客も多くなる。現金客ばかり拾っていては、実車の回数が増えるだけで営業収入は上がらない。

「私は赤坂界隈《かいわい》が得意なのですが、タク券をお持ちのお客様が赤坂の街に出てくるパターンがいくつかあります。そのパターンのうち今日はどのパターンを狙おうかと考えて、それがドンピシャリで当たったときは本当に楽しいですね。一発で一万七、八〇〇〇円のお客様を乗せたときはもう最高の気分です」

タクシードライバーの仕事は、ロジックと直感の組み合わせによって勝負が決まる。高木にはその境界線をうまく歩いていく才能があったのだ。

運命のマクドナルド

天職とも言える仕事に出会い、景気のいい時代を経験したこともあって、高木はどっぷりとタクシーの世界に浸ってしまった。

ほとんどのタクシードライバーが、「タクシーの仕事はきついけれど気楽だ」と言う。いったん営業所を出てしまえば、誰の指示も監視も受けないからだ。もっとも最新式のタコメーターは飛行機のフライトレコーダーのようなもので、ドライバーの一日の行動を正確に記録してしまうし、GPSによって常に現在位置を見張られてもいる。それでも、オフィスで机に座って上司の視線を気にしながら一日過ごすことや、工事現場でゼネコンの現場監督にドヤされながら仕事をするのに比べれば、やはりタクシーは気楽だろう。

気楽な仕事について、しかも稼ぎのよかった高木はよく飲み歩いた。そして、ふと気づけば四〇歳を超えていた。

「好き勝手をして、ちょっと遊び過ぎたなと思いました。交際した相手は何人かいたのですが、タイミングが合わなかったりして結婚にはいたりませんでした」

さすがにそろそろ身を固めねばと思った高木は、大枚をはたいて結婚相談所に会員登録をすることにした。

「四〇歳のときに、三〇万払って会員になりました」

本気である。

結婚相談所といっても、現代の〝相談〟はスマートだ。世話焼きおばさんがいて仲を取り持つスタイルではなく、会員登録をすると、登録している異性の顔写真とプロフィールを携帯電話やパソコンで閲覧することができるのだ。気になる人がいたらメールを送って、面会の交渉もできる。その間のプロセスに、相談所は一切関与をしない。

高木の話を聞いていると、仕組みとしてはいわゆる出会い系サイトと大差ない気がするのだが、明らかに異なる点は、登録者が遊び相手ではなく結婚相手を真剣に探していることである。そうでなければ、三〇万も払い込むわけがない。

会員のプロフィールを閲覧しているうちに、高木の目がある女性の顔写真の上で止まった。少々気は強そうだけれど、高木の好きなタイプの顔である。ただし、彼女には離婚歴があった。いわゆるバツイチだ。高木は初婚だったが、バツイチ自体はたいした問題ではなかった。問題は、彼女が五歳の女の子を筆頭に、三人の子持ちであることだった。

高木よりもちょうど一〇歳年下の彼女は、幼い三人の子供を抱えて働きに出ることもできず四苦八苦しているとプロフィール欄に書いていた。高木は迷った。到底、条件がいい相手だとは言えない。でも、一度会ってみたいという気持ちを抑えることができなかった。

「会ってみたい」とメールを打つと、「会ってみましょうか」とすぐに返事が戻ってきた。実際に会う日まで、メールのやり取りはこの一回きりだった。

彼女が待ち合わせ場所として指定してきたのは、なぜかマクドナルドであった。初めての面会の場所としては、どうにもこうにも色気に乏しい。だが、理由はすぐに判明した。マクドナルドに現れた彼女は、三人の子供を全員連れてきたのだ。子供たちは泣き出しもせず、楽しそうにはしゃいでいた。

「子供に構えられたら嫌だなと思っていたのですが、コーヒーを倒してしまうぐらいはしゃいでいましたね」

そして、彼女は高木が想像していた通りの、少々気の強い美しい女性だった。

「初対面でいきなり子供を三人連れてきたので、正直言ってびっくりしました。でも、なぜだかわかりませんが、私は彼女に一回でも会うことができたら、そのまま結婚しようと思っていたのです」

高木は、同僚たちと福島にいる兄に相談した。

同僚のほとんどは、

「三人の子持ちなんて、お前、なに考えてるんだ」

という反応だった。

しかし、田舎の兄の反応は違った。高木の実家は貧しい農家である。高木を含めて男四人の兄弟だが、長男は後を継がず、いまは四男が両親と一緒に暮らしている。しかし、鬱《うつ》病を患っている四男は一切農作業を手伝わない。完全に自信を喪失していて、いつも「俺はダメだ」と呟《つぶや》いてばかりいるという。

長男が言った。

「本当に子供を三人引き取ってやっていけるのかどうかわからないが、その年でそうそう結婚のチャンスはないだろ。かまわね、やればできるんじゃないか」

「どうすっかな」

高木は一応悩んでみたけれど、実はそれはうわべだけのことに過ぎなかった。会った瞬間に心は決まっていたのだ。

「もう四〇過ぎなんだから、やるしかねえべ」

飲み歩いてばかりいた高木の生活は、結婚したとたんに激変した。いや、変わったというよりも、高木が無理やり変えたのだ。景気づけというわけではないが、いきなり一戸建ての家を買ってしまったのだ。住宅ローンが終わるのは、実に七五歳のときである。それまでは、とにかく走り続けるしかない。

一方、彼女の方は筋金入りの気の強さで、「結婚できてよかった」とか「あなたのお蔭《かげ》で救われた」といった言葉は一切口にしなかった。

「あなた、親になったんだから責任あるんじゃないの？」

これが彼女の口癖になった。

埼玉県の郊外にある家は、高木の表現を借りれば「マッチ箱みたいな４ＬＤＫ」だが、三人の子供はすんなりと高木になついた。ただし、高木が実の親ではないことを知っているのは、マクドナルドで会ったときすでに五歳になっていた一番上の女の子だけである。

断念

結婚して、すでに九年の歳月が流れた。

「去年の冬は、上の子とふたり切りで受験する高校の下見に行く機会が何度かありましたが、他人同士なのにとても自然な感じで、ふたり切りになるのを嫌がりもしませんでした。とてもいい子なんです」

下の男の子はふたりとも野球をやっている。高木はわざわざ少年野球の指導員の資格を取って、休日はいつも一緒に練習を続けてきた。彼らはいまだに、高木を実の父親だと思っている。いつかは血がつながっていないことを伝えなくてはならないが、いつ、どうやって告白すればいいのかわからない。だから出身地を伏せて、名前も仮名にしてほしいと高木は言ったのだ。

妻が高木の子供を身ごもったことがあった。しかし高木は、血のつながった子が生まれてくることを望まなかった。

「もちろん葛藤はありました。でも、もしも自分の子が生まれてしまったらかわいいに決まっています。そうなったら、上の三人の子と分け隔てなく育てられるかどうか自信がありませんでした。自分では同じに扱っているつもりでも、よそから見たら『自分の子供ばかりかわいがって』となるかもしれない。遺伝子とか考えたらあれなんでしょうけど、やっぱり三人だけの方が私自身やりやすいと思って、断念しました」

気の強い妻は、少年野球の父母会の会長を務めた後、昨年、ある国家資格を取って就職を決め、正社員として働き始めた。高木の給与が頭打ちの分、妻ががんばっている。

高木が七五歳まで働いてローンを完済するためには、いずれは個人タクシーをやるしかないが、東京で個人タクシーを開業するためには東京に一年以上居住していることが条件になる。だからといって、単に東京に部屋を借りただけではダメで、水道光熱費の領収書などを提示して生活実態があることを証明しなくてはならない。これをタクシー業界では「越境」と呼ぶ。高木はこの先のどこかの時点で、一年間越境をしなくてはならない。その間、マッチ箱の家では血のつながっていない四人の家族が暮らすことになる。

「もともと私は、石橋を叩いても渡らない性格でした。でも、乗りかかった船ですから、先に進むしかありません。立ち止まっている余裕はありません。疲れたとも言えません。将来、子供たちに面倒を見てもらいたいとも思っていません。ただ、子供たちをなんとかしてあげたいと思うだけです。これから先、私のことをどう感じてもらえるか、いまはそれしか考えていません」

高木は新人のドライバーが入ってくると、「努力した分は必ず自分に戻ってくる」とよく言うそうである。有形のものが戻ってくるとは限らないが、なにかが戻ってくるというのは本当かもしれない。

昨年の春、長女が難関の県立高校に合格した。中学校の卒業式の日、高木が仕事を終えて家に帰ると、テーブルに長女の手紙が置いてあった。

「お父さんとお母さんに対していつもうざいとか言って、ごめんなさい。本当は感謝しているんだよ。いろいろやってくれて助かるけど、もう自立できる。自分でなんでもできるんだよって、書いてありました」

高木は目を細めながら、

「私は親ばかで心配性なもんで、なんでもやってあげちゃうんですよね」

と言う。

下のふたりの子に実の父親ではないことを伝える必要は、もうないだろう。

第三話　マリアと閻魔

タクシー業界では、出勤することを「出番」と呼ぶ。

日本交通赤羽営業所で総統括教官を務める権藤辰夫（六五歳）は、ドライバー歴一五年。色が浅黒く、いかにも豪放磊落《らいらく》な印象の男である。タクシー業界の内情を語ることは、必ずしも嫌いではないらしい。

権藤の解説によると、最も一般的な隔日勤務の場合、一カ月の出番は最多で一三出番になる。出庫は朝の八時頃。帰庫するのが深夜の二時頃だから、一出番には足かけ二日かかる。二出番ごとに公休が一日入るから、たとえば一回目の出番が月曜日の朝だとすると、二回目の出番は水曜の朝。金曜日がまるまる公休になって、三回目の出番は土曜日の朝ということになる。つまり、タクシードライバーは通常、一週間ではなく五日間をひとつの単位として暮らしているわけだ。

帰庫した当日のことは「明け番」、あるいは単に「明け」と呼ぶ。帰庫して納金と洗車を済ませたドライバーと、これから出庫していくドライバーでごった返す早朝の営業所内では、顔見知りらしいドライバー同士が、

「明け？」

「おう、明け。出番？」

「うん、出番」

などとごく短い会話を交わしながら、忙しなくすれ違っていくのを目にする。

帰庫したら一目散に家に帰って夕方までぐっすり眠り、翌朝の出番に備えるドライバーもいる。そうかと思えば、朝から開いている飲み屋で仲間と一杯やって、昼頃に電車で帰るドライバーもいる。大手のタクシー会社の営業所がある街には、決まって、明け番のドライバー目当てに朝から開いている居酒屋がある。赤羽営業所に近いJR浮間舟渡駅には二四時間営業の「いちげん」があるし、北赤羽駅にも「笠置そば」という立ち食いそば屋があって、そばだけでなく、朝から酒もつまみも注文できる。カマンベールチーズ揚げなどという普通の立ち食いそば屋には絶対にないメニューもあって、軽く飲むには悪くない。

朝から飲むといっても、近年はアルコールのチェック体制が厳しくなったため、飲んでもせいぜい正午まで。それを超えて飲み続けると、体質にもよるが、翌日のアルコールチェックに引っかかって乗務ができなくなってしまう。

酒好きの権藤は、「仲間から誘われれば、俺は絶対断らないよ」と豪語するが、それも、一線を退いて新人の教育係になったからである。現在の権藤の出番は、〝状況視察〟のための月一回のみ。それ以外の日は、もっぱら新人の車の助手席に座って同乗指導をしている。

日本交通の場合、新人が同乗指導を受けられるのは、基本的にしょっぱなの一出番のみだ。通常の営業をやりながら、助手席に座ったベテランドライバーが事細かに指導をしてくれる。

権藤が言う。

「新人に建物の名前とか教えても絶対に覚える余裕はないからさ、同乗指導のときは、もっぱら挨拶の仕方とかお金の受け渡しの方法、機械操作のやり方なんかを教えるんですよ」

同乗指導の日は、一台のタクシーの中で大の大人が二〇時間近くもふたり切りで過ごすことになる。一緒に昼飯と夕飯を食べ、一緒に仮眠を取る。恋人同士でもないのにいささか奇妙な状況だが、二出番目からは、いきなりすべてをひとりでこなさなければならない。どこからどんな客が乗ってきて、どんな場所へ行けと指示されるのかまったくわからない。心細いことこの上ない。

「新人は、二時間ぐらい流してもひとりも積めないことが多いよね。ミラーばっかり見てるから、お客さんが手を挙げてるのが見えないんだ。私なんか、たとえ手を挙げていなくても、ああ、あの人は乗るなってわかっちゃうけどね」

かく言う権藤も、経営していた会社をたたんでタクシードライバーに転じた一五年前には、万事について自信の持てない新人だった。そして、初めてひとりで営業に出た日に乗せた客のことを、いまだに忘れることができない。

兄貴、いまからすぐ行きますんで

「一二月だったから寒い日でさ、新宿駅の南口から、甲州街道を新宿三丁目の方向に流していたら、その客が手を挙げたんですよ。普通の服の上にコートを羽織って、ちょっと粋がった感じの五〇歳ぐらいの男の客でしたね」

時刻は夜の一〇時頃。いまは大塚家具になっている、かつての三越デパートの前あたりから男は乗り込んできた。

開口一番、まずは新宿駅の西口に行けという。方向が逆である。男は携帯電話を取り出して電話をかけると、いきなり大声で話し始めた。

「兄貴、いまからすぐ行きますんで。ええ、ええ、すぐ近くにいますんで。それじゃあきっちり一〇〇万用意しておいてくださいよ。いますぐ行きますからね」

男の道案内に従って、新宿西口にある暴力団の事務所が入っているという噂《うわさ》のビルの前に着けると、男はこう言い残して車を降りていった。

「三〇分で戻ってくるからよ。ちゃんと金払うから、メーター入れとけよ」

権藤はある先輩ドライバーから、タクシー強盗に引っかかったドライバーの話を聞かされていた。真夜中、真っ暗な田舎道を右へ行け、左に行けと何度も指示を出されて、いったいどこを走っているかわからなくなったところで「ここで止まれ」と言われる。真っ暗闇の中で車を止めると、突然、男が三人乗り込んできて身ぐるみ剝がされてしまったという話である。

「この客は大丈夫なんだろうか」

不安だったが、なにしろ生まれて初めてひとりでタクシーの営業をやっているのだ。どうすればいいのか、見当がつかない。

三〇分たつと、男はちゃんと戻ってきた。そして今度は、江戸川区の篠崎という街に行けという。また、携帯で話し始めた。

「なんだと、足りねえだと。ふざけるなこの野郎。いまからすぐ行くから、ちゃんと用意しておきやがれ、この馬鹿野郎め」

二軒目も、どうやら集金らしい。

やはり男の道案内で目的地にたどり着くと、男は再びメーターを入れておけと言い残して車を降りていった。そしてきっかり三〇分たってから、本当に戻ってきた。

三軒目にどこに立ち寄ったのか、権藤ははっきりと覚えていない。しかし、今度は集金ではなく支払いのようだった。どうやら男は、都内をタクシーで走り回りながら、集金と支払いを繰り返しているらしかった。集金のときには取り立て屋のようにがなり立て、支払いの時は猫なで声を出した。

「はい、親分、たしかに二〇〇。いますぐにお届けしますんで」

だんだん金額が大きくなっていく。目的地に近づくと、男が話しかけてきた。

「お兄さん、済まないけど五万ばかり立て替えてくれねえかな。ちょっとばかり細かい金が足りねえんだ。次のところで回収したら、すぐに返すからよ」

新人とは言うものの、タイル工事専門の会社の社長として最盛期には一〇〇人の職人を使い、年商一六億を上げていた権藤である。世間も知っているし、人を見る目もなくはない。風体といい、言葉遣いといい、電話で話している内容といい、男がまっとうな世界の住人でないことは明らかだった。立て替えの話を断ったりしたら、なにをされるかわからない。下手をすれば、刺されてしまう危険性もある。

仕方なく、釣り銭袋の中の金に自分の財布の金を足して五万円を渡すと、男はやはりメーターを入れておけと言い残して車を降りていき、やはりきっかり三〇分で戻ってきた。そして今度は、千葉へ行けという。再び携帯電話。四軒目は、支払いではなく集金らしい。

「おう、いますぐ行くからな、きっちり用意しておけよ……」

メーターを入れたまま待つこと三〇分。男は意気揚々と引き揚げてくると、権藤に数枚の紙幣を差し出した。

「お兄さん、済まなかったな。これさっきの金な。ちょっと色つけとくからよ」

勘定してみると、五万三〇〇〇円あった。三〇〇〇円が〝色〟ということになる。

「この三〇〇〇円で、私は、男のことをすっかり信じてしまったんですよ」

風体も言葉遣いも十分怪しかったはずなのに、現金で色をつけられたとたんに、権藤の目は曇ってしまった。時計はすでに一二時を回っている。

「次は葛西に行ってくれや」

男は、まっすぐ行けとか、そこを曲がれとか、こと細かに指示を出した。いかにも何度も来ているという印象である。そして、とある大きなマンションの前で車を止めろと言った。

「お兄さん、済まないけど今度は七万ほど立て替えてくれねえかな。次のところで回収したら、すぐに返すからよ」

時刻は深夜の三時。金額が二万アップしている。こちらが五万円以上持っていることは、すでに男に知られてしまっている。メーターの運賃は四万を超えている。もう、戻るに戻れないところまで来てしまったのだと権藤は観念した。男を信じるしかない。

「いいですよ」

「ありがとよ。三〇分で戻ってくるから、メーター入れとけよ」

すっかりおなじみになったセリフを言い残して、男は悠然とマンションのエントランスに入っていき、二度とそこから出てくることはなかった。

実は、お金ないんですけど

「さすがに私も心配だったんで、男をつけてエレベーターの前まで行ったんですよ。一一階で停まるところまでは確認したんだけど、三〇分たってもエレベーターは降りてこなかったんです」

一一階の部屋の住人をすべて起こして回るわけにも行かず、あるいは男は非常階段を使ってすでにマンションを脱出してしまったのかもしれず、権藤は途方に暮れてしまった。葛西の警察に被害届を出しはしたが、警察が本気で捜査をしてくれるわけでもない。

「思えばあれが、あの男の仕事だったんですね。携帯電話で兄貴だの親分だの言うもんだから、こっちはすっかりびびっちゃってね」

権藤は苦笑を浮かべるのだが、それにしても、七万円の立て替えに応じた権藤の心理には、不思議なものがある。もちろん、断れば身の危険があるかもしれないという判断はあっただろう。しかし、果たしてそれだけだっただろうか。

初めての営業で七万円をまんまと詐取されてからちょうど一カ月たった頃、権藤は再びやっかいな客を乗せるハメになった。

「今度は若いカップルでしたけどね」

乗せたのは新宿駅の西口である。一月の深夜一時頃だから、ひどく寒かった。二十二、三歳とおぼしき男女が肩を寄せ合って、手を挙げていた。まだ、バブルが崩壊して間もない頃の金曜の晩だったからタクシーの取り合いが激しく、西口周辺に空車のタクシーはほとんどいなかった。

「タクシーは法律で乗車拒否を禁じられてるから、お客様を選ぶことができないでしょう。乗せてみたら、変なのに引っかかっちゃったんですよ」

若いカップルは権藤の車に乗り込んでくると、青梅街道を走ってくれと言う。西口から青梅街道に入って高円寺、荻窪方向に走り始めると、ものの五分もしないうちに男が口を開いた。

「あのう、運転手さん、実は、お金ないんですけど」

少し訛《なま》りがある。聞けば、ふたりとも秋田の出身だという。女は東伏見に住んでいて、男は八王子に住んでいる。とりあえず彼女を東伏見まで送り届けたいのだが、東伏見までの金もない。金はないけれど、寒くて外にもいられない。

「金曜日の夜だったから、大方、調子づいて有り金全部飲んじゃったんでしょうね。あの寒さの中放り出しちゃ、ちょっと可哀想だったよね」

権藤は、とりあえず東伏見まで走ることにした。後部座席の会話に聞き耳を立てると、どうやら女の方は男を部屋に上げたくないらしい。

「まだ、男女の関係がないらしいんだな。あるいは、女の子には他に彼氏がいたのかもしれないね。だから、男を部屋に入れたくなかったのかもしれない」

後部座席のすったもんだが収まらないうちに、西武新宿線の東伏見駅に着いてしまった。若い男が言った。

「じゃあ、部屋に上がらないで外で始発が動くの待つから」

それを聞いて、権藤は思わず口をはさんでしまった。

「こんなに寒いんだから、なにもしませんって約束して、部屋に入れてもらえばいいんじゃないの」

　女が話を引き取った。

「それじゃあ、始発が出るまで一緒に駅に居るよ」

　方針は定まったが、いずれにせよふたりは一文無しである。始発が動いたところで、男は電車賃も持っていないはずだし、だいいち、駅頭で始発を待つには寒過ぎる。ファミレスにでも入るしかないだろう。しかし、金を持っているのは三人の中で権藤だけである。

「メーターは六八〇〇円だったけど、小遣いを三〇〇〇円渡しちゃったんで、合計で九八〇〇円の貸しでしたね」

　権藤は男に携帯の番号を聞き、その場で電話をかけて、男の携帯の着信音が鳴るのを確認した。振り込み先の口座番号をメモして渡すと、男は必ず一週間後に振り込むからと言って頭を下げた。若いカップルは、冬の真夜中に車を降りていった。

　一週間たったが、案の定、男から電話がかかってくることはなかった。権藤の方から男の携帯に電話を入れると、力仕事のアルバイトをしているけれど、まだ給料の支払いがないのだという。

「もう一週間、待ってもらえませんか」

半信半疑のまま一週間待つと、権藤が指定した口座に一万円が振り込まれていた。

「まさかちゃんと振り込んでくれると思っていなかったんで、携帯に電話をかけて、お兄ちゃん偉いねって褒めてやったんですよ」

　権藤はタイル工事の会社を経営していた元社長である。羽振りのよかった時代には、インフィニティーやプレジデントなどの高級車を毎年のように買い替えていたという。常時六〇人の職人を雇い、大きな仕事が入ると季節工を雇い入れて一〇〇人の職人を指揮していた。

　そんな生活が、バブルの崩壊で一変してしまった。大手のゼネコンは潰れなかったが、中堅のゼネコンや下請けの中小企業は、いったい何社倒産したかわからない。

「世の中簡単な話でね、下請けは職人を遊ばせておくわけにいかないから、常に仕事を取る必要があるでしょう。元請けは一番安い見積もりを出してきた下請けに仕事を出すから、全体の仕事の量が減ってくると、どうしたって値下げ競争になってしまうんですよ。下請けは赤字覚悟の安い見積もりを出して仕事を貰《もら》おうとするけど、それを続けているとどこかの時点で確実に首が回らなくなる。大手のゼネコンが潰れることはないけれど、そういうことをやっていると、仕事がみんな叩き仕事になっちゃうんだよね」

かつて、帝国ホテルのインペリアルタワーの外壁の施工も担当したことがあるという権藤の目下の自慢は、「小さな親切運動」に参加している東京タクシーセンターからバッヂをもらったことである。

「お金のないお客さんの運賃を立て替えてやったり、事故を目撃したときに救急車とか警察を手配してやってたりすると、このバッヂをくれるんですよ」

初めての営業で七万円も詐取された経験があるというのに、権藤はなぜ「小さな親切運動」などに肩入れするのだろうか。まさか、バッヂが欲しいわけでもあるまいに。

「私の場合、お客さんがお金を持っていないと言ったら、一か八か貸しちゃうんですよ。相手を信じるか信じないか、それだけなんですよね」

信じて裏切られることもあるし、約束を守ってくれることもある。結果はふたつにひとつだが、どちらの結果も、相手を信じてお金を貸してみないことには手に入らない。権藤は、世の中を信じたい人間なのだ。

赤羽営業所から四・一キロ離れたところに家族と暮らしている権藤は、毎日、朝の四時には自転車を漕いで営業所に来てしまうという。

「この営業所だけで乗務員が四三〇人からいますからね。みんなに会えるのが、一番楽しいんですよ」

早く目が覚めてしまうから営業所に来てしまうのであって、朝の四時から仕事があるわけではないと、権藤は真面目な顔でつけ加えた。

巣鴨プリズン

池袋のサンシャイン60が巣鴨プリズン（＝巣鴨拘置所。現在の東京拘置所の前身）の跡地に立っていることは、たしか猪瀬直樹の『ミカドの肖像』という本を読んで知った。この本は、童謡『春の小川』の小川が、実は渋谷界隈《かいわい》を流れていたのだとか、プリンスホテルの多くが、実は没落した旧華族の屋敷跡に建てられているといった、いま風に言えば〝トリビア〟なネタで満載の本だったと記憶する。

敗戦後、巣鴨プリズンにはA級戦犯とB・C級戦犯合わせて約四〇〇〇人が収監されていたそうだが、東條英機ら絞首刑に処せられた七人のA級戦犯についてはよく知られていても、B・C級戦犯についてはいったい何人が裁判にかけられ、何人が処刑されたかを知っている人は少ないのではないだろうか。いや、そもそもB・

C級戦犯という存在がなんなのかを知らない人の方が多いのかもしれない。B・C級戦犯のことを執念深く追跡したのは、ノンフィクション作家の上坂冬子だった。

上坂が著書の中で取り上げているB・C級戦犯の多くは、不合理に裁かれ不合理に処刑されている。上官の命令で行った行為によって処刑されたケースや、人違いのまま処刑されてしまったケースもある。上坂が記録したのは、こうした無名の人々の身の上に降りかかった悲劇であり、彼らの不条理な運命である。そこには、トリビア的な面白さなど微塵《みじん》もない。

日本交通の池袋営業所は、サンシャイン60の地下二階にある。ここに、約四〇〇台ものタクシーが入庫していることを知っている人は、ほとんどいないだろう。池袋営業所に在籍するドライバーは、現役と嘱託（六五歳以上のシルバーと呼ばれるドライバーたち）を合わせて九〇〇人超。この九〇〇人のドライバーを束ねているのが、統括班長の野島尚二（五九歳）である。

野島が取材に応じることができるのは深夜の三時過ぎだというので、終電に近い電車でJR池袋駅まで行き、サンシャイン60と道路をはさんで向かい側にあるファミリーレストランのジョナサンで時間を潰すことにした。

店内には何組かの若者のグループがいてやはり時間を潰しているようだったが、みなどことなく疲れた雰囲気である。少し仮眠をとってからインタビューに向かおうと思っていたら、妙に元気なウェイトレスがやってきて「当店は居眠り禁止です」と、厳重な注意を受けてしまった。

終夜営業をやっていて居眠り禁止もないものだと思ったが、仕方がないので、近くのコンビニで缶コーヒーを買い込んで少し早めに池袋営業所に向かった。

サンシャイン60の一階にある守衛所で池袋営業所に降りる経路を聞くと、おそらく日に何度も同じ質問を受けるのだろう、警備員が縮小した一階の平面図がコピーしてある小さな紙切れに印をつけて手渡してくれた。こんな真夜中に人に気を遣うのは大変なことだろうなと、妙に感心してしまう。

ようやく、地階に降りるエレベーターを探し当てて地下二階で降り、蛍光灯の光で天井も壁もなにもかもが白々として見える細い通路をしばらく進むと、日本交通のシンボルである桜の花びらのマークが貼ってあるドアにたどり着いた。

窓のない地下の営業所は天井が低く、どことなく息苦しい。空気に独特の匂いがついているような気がする。カウンター越しに「野島さんいらっしゃいますか」と声をかけると、ロマンスグレーの知的な風貌の男がぱっと顔を上げた。タレントの大竹まことにちょっと似ている。

ご多分に漏れず、野島も転職の果てにタクシードライバーになった人間だった。運転歴一三年のベテランだが、野島が他のドライバーと少し違うのは、タクシーの仕事が嫌いだと平然と言ってのけるところである。

「私は、いまでもタクシーの仕事が嫌いなんです」

統括班長という職責上、こんなことを言ってしまって問題はないのかといささか心配になる。

「会社が統括班長に求めている機能は、会社とドライバーの間のコミュニケーションを円滑に進めるための、潤滑油としての機能です。新人の教育も統括班長の仕事のひとつですが、この業界が端《はな》から好きで入ってくる人は少ないです。みんななにかしら事情があって入ってくる。いろいろあって、入らざるを得なくて入ってきたという人がほとんどです。それがタクシー業界の実情なんです。

私は新人教育のとき、この仕事に向いていないと思ったらすぐに辞めてくださいと言うようにしています。タクシードライバーの仕事は、常に事故の危険と背中合わせのハイリスク・ローリターンの仕事ですからね」

上場

野島の前職は、現在は一部上場しているディスカウントストアB社の経営企画室課長、というものである。名前を聞けば、おそらく誰もが知っているチェーン店だ。

高校を卒業して、あるスーパーマーケットに就職した野島は、先にB社に転職した先輩社員から引き抜きを受けている。B社が成長していくためには、全店舗を結ぶコンピュータシステムの導入が不可欠だった。そこで先輩社員は、元のスーパーでシステムエンジニアをやっていた野島に白羽の矢を立てたのである。

B社はもともと食品だけを扱っているスーパーだったが、ロジャースの真似をして非食品も扱うディスカウントストアに変身したことによって、急成長を遂げていた。給与も元のスーパーに比べればかなりよかった。

昭和五五年、二八歳の時、野島はB社への移籍を決めた。処遇は経営企画室の課長で電算室の仕事も兼務するというものだった。二八歳の課長は、当時のB社における最年少記録であった。

移籍して最初の数年間は、コンピュータシステムの立ち上げに没頭した。時代に勢いがあったこともあって、B社の業績はうなぎ登りに上がっていった。店舗数も売上高もどんどん増えていく。そして、会社が掲げる目標も明確だった。上場である。

コンピュータシステムの構築に目鼻をつけた野島は、続いて上場委員会のメンバーに抜擢され、今度は上場にまつわる業務に没頭することになる。一五〇〇人以上の正社員の中で上場委員に選ばれたのは、わずかに三〇人。そこは仕事師の集団であり、上場委員に選ばれることはもちろん名誉なことだった。

創業社長はいささか気まぐれで遊び好きなところがありはしたが、上場にかける執念にはすさまじいものがあった。創業社長の下、B社の社員は一丸となって上場を目指して燃え上がった。要するに野島は、B社が最も熱かった一時期、B社の中核で仕事をしていたのである。

一日当たりの平均睡眠時間は、約三時間。連日のように会社に泊まり込み、土日もほとんど家に帰ることはなかった。九五キロあった体重が、上場委員会のメンバーになってわずか半年で六五キロまで落ちてしまった。

「上場というのは、ただ時流に乗っているだけではできないんです。全社的に燃えていたというよりも、燃え上がらなければできないことだったんです。上場は、いわば企業の脱皮です。脱皮するには、ものすごいエネルギーがいるんです」

会社も燃えて、野島も燃えて、ついでに脂肪まで燃焼させてしまったというわけだ。

上場のためにやらなければならない作業は、膨大だった。上場するということは人様に株券を買ってもらい、その代金を元手にして大きな商売をやるということである。自己資金だけで商売をしているうちは、いい加減な経営をやったところで誰かから文句を言われるわけでもないが、人様からお金を集めるとなればそうはいかない。いや、そもそも魅力的な事業計画を打ち出さなければ誰も株など買ってくれない。

「中長期の経営計画をつくってそれを東証に提出するのですが、この計画づくりが大変でした。B社は上場五年後に売り上げを現在の二倍にするという目標を立てたのですが、それを実現するためには各年度ごとに何億ずつ売り上げを積み増していく必要があるのかを計算し、その計画を達成するには既存店の売り上げを毎年いくらずつアップさせる必要があるかを計算しなくてはなりません。さらに、既存店だけで足りない分は新しい店舗をオープンして補う必要があるわけですが、新店舗を出店するためのヒト、モノ、カネ、そして物流の手当てを総合的に考えなくてはならない。この計画次第で株価が決まってしまうわけですから、もう必死でしたね」

上場委員会での仕事は、大変だったがやりがいはあった。しかし同時に、ジレンマもあった。

ジレンマのひとつは、ふたりの幼い娘にほとんど会えないことだった。B社に移籍して給与が上がり、せっかく藤沢にマンションを買ったというのに、野島はほとんど家に帰ることができなかった。妻も娘もたまには帰ってきてほしいと言ったが、特に最初の半年間は会社への泊まり込みが続き、休日はほとんどゼロに等しかった。

もうひとつは、年長の大卒社員をこき使わねばならないことだった。

「これは上場委員会の仕事だけでなく、経営企画室の仕事でも同じことでしたが、たとえば年次予算をつくるときには、各部に業務計画と予算を提出してもらわなくてはならないわけです。提出の催促をする相手は、みんな年長の部長なんですよ。大卒社員の彼らに対して、中長期計画から見てこの業務計画じゃダメです、もっと営業利益を伸ばしてコストを削減する方法を考えてください、なんて言わざるを得なかった。私は目上の人や組織のヒエラルキーで自分よりも上にいる人に対して偉そうな口をきくことが、どうにもこうにも性に合わないんです。こういう生き方をしていていいのだろうかと、いつも疑問に思っていました」

むろん、引き抜きで〝横から入ってきた奴〟への反発もあったから、目上の部長連中とうまくやっていくためには人間関係の構築が不可欠だった。仕事の後の酒につき合わないわけにはいかず、その結果、家族と過ごす時間がさらに削られてしまった。それが、野島には耐え難かった。

「B社に入る前は、給与は安かったけれど時間はたくさんあったので、娘を公園に連れていって、私が自転車やブランコの乗り方を教えてやったんです。B社に入って給与が上がったから藤沢にマンションを買えたのは事実ですが、今度は、家族と過ごす時間がまったくなくなってしまいました」

野島がB社に移籍してちょうど一〇年たったとき、B社は念願の店頭上場を果たした。そして、店頭上場の直後、野島はB社を去ることを決意した。

「仕事をやり過ぎて、燃え尽きてしまったんですよ」

B社は店頭上場の後も順調に業績を伸ばし、現在は一部上場企業として存続している。

一方の野島は、B社を辞めた後、藤沢でコンビニの経営に手を出したものの、やがて本部だけが儲かってフランチャイジーはまるで儲からない仕組みに嫌気がさしてしまう。

「店舗のオーナーでなく、本部に店舗を用意してもらうフランチャイジーの場合、利益率がものすごく低くなってしまうんです。自分の実入りを多くするためにはバイトの人数を減らすしかないのですが、人間、二四時間働くわけにはいきませんからね」

そうこうするうちに、筋骨隆々で一〇〇歳ぐらいまで生きるのではないかと思っていた父親ががんで急逝してしまう。糖尿病と白内障を患っている母親をひとりにするわけにもいかず、野島はコンビニをたたんで藤沢のマンションを売り払い、実家のある川越に戻ることにした。すでに、四五歳になっていた。

「川越に引っ越したのを機会に、この際、もっと気軽な商売をしたいなと思ってタクシーの世界に入ることにしたのです」

野島を引き抜いた先輩は、B社ですでに専務になっていた。自分も、あのままB社に残っていれば最低でも部長にはなっていただろう。あるいは、役員の線もあったかもしれないと思わないでもない。

タクシードライバーになって確実に休みが取れるようになったにもかかわらず、たまには早く帰ってきてほしいとせがんでいた妻は、いまだにタクシー運転手という仕事に納得をしていないらしい。

「たぶん、自分の夫がタクシー運転手だと人に言いにくいんでしょう。いまだに雲助タクシーのイメージが、社会的に残っていますからね。私自身、この業界に入って一番大きなテーマだったのが、いかにプライドを捨てるかでした」

野島はいささか文句の多い性格のようだが、それはプライドの高さの裏返しかもしれない。しかしプライドに見合った仕事をするには、いささか繊細過ぎたのかもしれない。

初めての客

新人の教育係である野島は、新人が入ってくると必ず自分自身のある体験を語って聞かせることにしている。それは、新人ドライバーだったときに乗せた、ふたりの女性客の話である。

野島の振り出しは、いまはもうなくなってしまった常盤台営業所である。ひと通りの研修を受けて、野島が初めてひとりで営業に出た日は、たまたま日曜日だった。

「常盤台営業所は東武東上線のときわ台駅の近く（板橋区）にあったのですが、いまになって思えば、あの日はわけもわからず闇雲に走っていたんでしょうね。なにしろ、道が全然わからないものだから、なるべくお客様をお乗せしたくなかった。正直言って、お乗せするのがとても怖かったのです」

営業収入を上げるためには、ひとりでも多くの客を乗せなくてはならない。しかし、客を乗せて行き先を指示されても、おそらく自力でその場所にたどり着くことはできない。客に頭を下げて道順を教えてもらわなくては、目的地に到達することができないのだ。B社では最年少課長の記録を塗り替え、コンビニ時代は曲がりなりにも一国一城の主だった野島にとって、それは屈辱以外のなにものでもなかった。ハンドルを握りながら、野島はひたすら道端に立っている人が手を挙げないことを祈った。手を挙げそうな雰囲気の人が立っていると、わざとアクセルを踏み込んで〝足早に〟目の前を通り過ぎたりもした。

その甲斐あってというべきか、常盤台営業所を出庫してから三時間、野島はひとりの客も乗せることができなかった。いや、ひとりの客も乗せずに済んだ。

「乗せなければいけない、いや乗せたくないと心の中で葛藤しながら、どこをどう走ったのかわかりませんが、大久保通りを中野の方に向かって走っていたのです。そして、ちょうど新大久保の駅前にさしかかったとき、こちらに向かって手を挙げているお客様とはっきり目が合ってしまったのです。これが、私が生まれて初めてお乗せしたお客様との出会いの瞬間でした」

客は、四〇格好の柔和な表情をした女性だった。彼女は、中野にあるという教会の名前を口にした。野島はその教会の場所はおろか、名前すら知らなかった。

ガチガチに緊張しながら、自分は今日、生まれて初めて営業に出た新人ドライバーであること、そして、目的の教会まで行く道がわからないことを説明し、申し訳ないが道を教えてほしいとその女性客に頼んだ。

三時間におよぶ葛藤のせいで、野島はまだひとりの客も乗せていないというのにすでにクタクタだった。それが、彼女には伝わったのかもしれない。

「本当に優しく道順を教えてくださいましてね。自分はクリスチャンで、日曜日の礼拝に行くのだとおっしゃっていました」

大久保通りを中野方向に走り、山手通りとの交叉点を少し越えたところに目的地の小さな教会はあった。わずかワンメーターの〝初めてのお使い〟ならぬ初めての営業である。当時の初乗り料金は六六〇円。支払いを受けて野島が道案内の礼を言うと、車を降りながら女性が小さく言った。

「神のご加護がありますように」

野島はいまだに、彼女の柔らかい声と優しげな姿を忘れていない。

最悪の客

初日から一カ月が過ぎ去っても、野島はタクシーの仕事に対する苦手意識から抜け出すことができずにいた。

「おそらく乗務員の半分以上は、何年たっても、多少はお客様をお乗せするのが怖いと思います。道がわかりませんと言えば、なんだお前、道も知らないでタクシー運転手やってんのかよとお怒りになるお客様が多いですからね。お客様から馬鹿だなんだと罵《ののし》られながら、売り上げ売り上げでやっていける人間は少ないですよ。みんな、怒られたり小言を言われたりするのは嫌なんです」

その日も野島は、相変わらず道端に立っている人が手を挙げないことを祈りながら、当てずっぽうに都内の幹線道路を流していた。ところが、運よくか運悪くか、道端で手を挙げている五〇代半ばぐらいの派手な出で立ちの女性と目が合ってしまった。

わずか一カ月で都内の地理に精通できるはずもなく、野島が例によって、自分は新人ドライバーであること、そして目的地への道順がわからないことをその女性客に伝えると、女性客は目的地までの道順をひと息にまくしたてた。

「ああ行って、こう行って、あそこを右に曲がって、その先を左に曲がってといっぺんにおっしゃるのですが、とても覚え切れません。間違ってはいけないと思ったので、指示された最初の交叉点にさしかかったところで、ここを右でよろしいですかと伺ったのです。そうしたら……」

女性客は態度を豹変させた。

「あんた、あたしに何回同じこと言わせるの？　新人だかなんだか知らないけれど、タクシーの看板掲げといて道がわかんないじゃ済まないわよ。うちの若い女の子だってねぇ、お客が入ったら、わかりませんじゃ済まないのよ。たとえ初出勤の日だってねぇ、それなりに仕事をしてもらわなけりゃ困っちゃうのよ。なのにあんたねぇ、そもそも客に道を教えてくれとはどういうことよ……」

女性客は、目的地に到着するまでの約二〇分間、耳を聾《ろう》する大声で野島を罵倒《ばとう》し続けた。

考えてみればタクシーとは、その日に初めて出会った赤の他人同士が密室の中で一定時間を過ごすという、奇妙な空間である。その空間の中で、ドライバーの立場は圧倒的に弱い。客の暴言に反論すれば、会社やタクシーセンターに通報されるかもしれない。喧嘩《けんか》になったら運賃を払ってもらえないかもしれない。最悪の場合、背後から暴力をふるわれる危険性すらある。

野島は「なんでここまでやらなければならないのか」と思いながら、女性客の暴言にじっと耐え続けた。

マリア様と閻魔大王

野島は新人にこの話をするとき、この対照的なふたりの女性客をマリア様と閻魔大王にたとえるという。

「お客様の中には、教会に礼拝に行ったマリア様のように優しいお客様もいれば、降りるまで私を罵倒し続けた閻魔大王のようなお客様もいる。なぜ彼女が閻魔大王なのかと言えば、あれ以上ひどいお客様は後にも先にもいなかったからです。そして大切なのは、このおふたりともお客様だということなんです。私は新人に言うんです。どちらもお客様なのだから、どちらのお客様に対してもクレームにならない最低限の接客はしなければならないんだよと。それが嫌だったら、この仕事は辞めた方がいいと」

要するに、タクシードライバーには閻魔大王に刃向かう自由は与えられていないのだ。どんなに嫌味な客の言うことも、黙って聞かねばならない。どんな不条理にも耐えねばならないのだ。

しかし野島は、必ずしも閻魔大王を恨んでいる風でもなかった。

「なぜなら、彼女は私にプライドを捨てさせてくれた人だからです」

バブルも崩壊し、四五歳でコンビニの経営をやめた野島には、他の就職先はなかった。家族を守っていくためには、なんとしてもタクシーの仕事を続けるしかなかったのだ。しかしプライドの高さが邪魔をして、稼がねばならないが客を乗せたくないという葛藤に苦しんでいた。その野島の煮え切らない態度に、閻魔大王が引導を渡したのだ。

「彼女の罵倒を黙って耐えることによって、私は初めてプライドを捨てることができたのです。それ以降は、接客も上手になったし、自分の言い分をうまくお客様に伝える知恵もつきました」

ならば、安易に優しいマリア様よりも現実の厳しさ冷たさを教えてくれた閻魔大王の方が、野島にとっては恩人ということになりはしないだろうか。

「さあ、それは……」

終始うつむき加減に話していた野島が、どこか飄々《ひょうひょう》としたところのある顔を上げ、しばらく小首をかしげるような仕草をした後にこう言った。

「たしかにタクシーの仕事は、経営企画室や上場委員会の仕事に比べれば気楽です。一日に三時間の休憩を取ることは法律で定められていますが、まとめて三時間取ろうと、一時間ずつ三回にわけて取ろうと自分次第。普通のサラリーマンのように、画一的な管理を受けることもありません。そういう意味では、実に気楽な商売です。でも、あの閻魔大王を降ろしたときは、私、路肩に車を止めてハンドルを抱えて泣きました」

涙は頑ななプライドを溶かしてくれたのかもしれないが、その涙の味がわかるかと問われたら、私はなんと答えるだろうか。

野島は、「さて、このくらいで勘弁してください」と言うと、思いのほか朗らかな笑顔を浮かべながら地下の仕事場に戻っていった。

第四話　「なか」

中央、千代田、港の三区を、東京のタクシードライバーたちは「なか」と呼ぶ。「なかに入る」とか「なかを流す」といった使い方をする。「なか」はおそらく真ん中の中であり、つまり東京のタクシードライバーたちはこの三つの区を東京の真ん中、中心だと考えているのである。

しかし「なか」は、必ずしも地理的な中心を意味するだけの言葉ではない。中央省庁、大企業の本社、一流ホテルなどが犇《ひし》めき合い、日本一の繁華街・銀座を擁する「なか」は、東京を走るタクシーの営業の中心地であり、本丸なのである。

所属する営業所を出庫したタクシーは、帰庫するまでの間、基本的にどこでどう仕事をするのも自由だ。営業できるエリアと最低限取らなければならない休憩時間は法律で定められているものの、許された営業エリア内であれば、どこでどんなスタイルで仕事をしても構わない。

たとえば日本交通の営業エリアは、東京二三区と三鷹市、武蔵野市と決められている。これ以外のエリアで営業をすると法律違反になる。銀座から川崎市まで客を乗せ、帰りに川崎市内で客を拾って東京に向かうのはいいが、川崎から鎌倉まで客を乗せると違法になる。東京のタクシーは、発着点のどちらかが東京でなければいけないのだ。

タクシーの営業スタイルには、大きく分けて「流し」と「着け待ち」の二種類がある。

「流し」とはなにかといえば、読んで字のごとく、街中を流しながら客を拾う営業スタイルだ。流しの場合、うまい具合に客に遭遇できるかどうか、偶然性に支配される部分が大きいが、その反面、ロング（長距離）の客に当たる確率も高い。道端で手を挙げている客が後部座席に乗り込んできて、いきなり「鎌倉」とか「茅ヶ崎」、あるいは「柏」などと小さく叫ぶかもしれないのだ。現実は、「近場ですみませんが」と言われることが多いわけだが、ロングの客に当たれば「マンシュウ」も夢ではない。

マンシュウとは、これまたタクシー業界の隠語で、一回の実車で営業収入が一万円を超えることを指す。「万収」が語源であるという説が有力だが、「万券を使う衆」すなわち「万衆」であると主張するドライバーも少数だが存在している。

私としては、世知辛い響きのする「万収」よりも、いかにも福々としたお金持ちの客が乗り込んでくる感じのする「万衆」の方が好きだが、いずれであるにせよ、ドライバーにとってマンシュウがありがたい存在であることに変わりはない。マンシュウに一回当たれば、一日の営業収入の半分近くを一回の実車で稼げてしまう場合もあるからだ。中央区から鎌倉あたりまで乗せれば、一発で二万円前後の営業収入は固い。

流し専門のベテランドライバーになると、マンシュウがよく出る自分だけの秘密の場所をいくつか持っており、しかも、道端で手を挙げている客の出で立ちによって、ロングの客かどうかをほぼ確実に推定できるという。パリっとした服装をしたいかにもお金持ち然とした客が、必ずしもロングであるとは限らないというから面白い。この件については、後述する機会があるだろう。

さて、もう一方の営業スタイル「着け待ち」は、こちらも読んで字のごとく、ホテルの車寄せや駅のタクシー乗り場に車を着けて客を待つ営業スタイルである。

着け待ちの場合、流しと違って、辛抱強く待ってさえいれば確実に客を乗せることができる。空振りがない。しかし、ホテルの車寄せならまだしも、駅着けの場合、ロングの客はほとんど期待できない。なぜなら、乗せるのがほぼ電車から降りてきた客に限られる以上、鉄道の駅間よりも長い距離を乗ることは考えにくいからだ。

辛抱強く順番待ちをして客を乗せたら、最速で目的地まで客を送り届け、すかさずとって返して再び順番待ちをする。このインターバルをいかに短くして、実車の回数を増やすか。それが、着け待ちで営収を増やす秘訣ということになる。そのためには、着け待ちをする駅やホテルの周辺地域の地理を知悉《ちしつ》している必要があるだろう。いちいち客に道を聞いているようでは、一日当たりの実車回数を増やすことなどできない。

流しが狩猟民族型だとすれば、着け待ちは農耕民族型とでも言えそうである。あるいは流しが、外れも多いが当たれば大きい宝くじだとすれば、着け待ちは堅実な積み立て預金のようなものだと言っていいかもしれない。

流しが専門のドライバーのほとんどは、出庫をするとまっしぐらに「なか」を目指して突っ走る。営業所がたとえ東京の郊外にあっても、近場の駅などには目もくれず、ひたすら「なか」を目指す。なぜなら、「なか」にはタクシーチケットを握りしめたサラリーマンや、高級マンションに住まう富裕層といった上客が待っているからだ。

タクシーチケットを持っているサラリーマンは、たとえ電車で行ける場所であってもタクシーを使うし、本物の富裕層はそもそも電車などには乗らない。「なか」の住人には、満員電車を嫌って毎日タクシーで出勤する人もいるのである。

片や、着け待ち専門のドライバーは、出庫すると勝手知ったるいつもの駅や病院やホテルへと向かう。そこにはおなじみの仲間が集まっているから、順番待ちをする間、タバコをふかしながら世間話に花を咲かせることもできる。着け待ちは、営収の上限は見えているものの、知らない地名や知らない建物の名前を言われて冷や汗をかくことも少なく、流しに比べれば何倍か気が楽というものである。流しと着け待ちのどちらを選ぶかは、ドライバーの経済状況と性格によるだろう。金に困っているドライバーだけでなく、営業所内で営収の順位を競い合うような負けん気の強いドライバーや向上心の強いドライバーは、「なか」を流しながら血眼になってロングの客を探し求めることになる。

しかし、「なか」を目指すことが人生になにをもたらすかは、ひと口に言えない面がある。

説教タクシー

もう七年近く前の、師走の夕暮れどきのことである。

日本交通の上野俊夫（五六歳）は築地界隈《かいわい》を流していて、交叉点近くにひと組の男女が立っているのを視界の端に捉えた。銀座の東京湾側に位置する築地は、ぎりぎり「なか」の一部分である。

雪でも降り出しそうな鈍色《にびいろ》の真冬の空の下、並んでタクシーを待っている年齢差のありそうな男女の姿は、恋人や夫婦というよりも、上司と部下といった風情である。上野が路肩に車を寄せてドアを開けると、案の定、年嵩《としかさ》らしい男性が若い女性にタクシーチケットを手渡しながら、こう言った。

「このタクシー、うちの会社のチケットが使えるから持っていきなさい」

女性は素直にチケットを受け取ると後部シートにおさまって、東京の西部にある街の名前を告げた。

東京の東の外れに位置する築地から帰ることを考えれば、たしかに近いとは言えない距離である。しかし長距離とも言えない、ぎりぎり中距離の範囲内だ。しかもまだ夕方である。雪になって電車が止まる心配でもしたのかもしれないが、上野は上司らしき男性の言葉から女性に対する〝特別な配慮〟を感じ取った。タクシードライバーは、乗り込んで来る客の属性と状況に、敏感なのである。

バックミラーで確認すると、ポッチャリとした感じの小柄な美人である。若い頃の吉永小百合に少し似ている。車を発進してしばらくたつと、やはり雪が降り出してきた。

女性客が口を開いた。

「あの、失礼ですけれど、運転手さんはおひとりですか」

「はい。いまは、ひとりですけど」

上野は、三〇代で離職と離婚を同時に経験していた。

「私、いまどうしたらいいかわからなくなっていて……」

上野はさっきの〝上司〟が原因であることを直感した。

「なにか悩んでいらっしゃるのですか」

「さっき一緒に立っていた男性、会社の上司なんですけど、不倫関係がもう三年も続いているんです」

「……」

唐突な告白に驚きながらも、上野はなぜかムラムラと腹が立ってくるのを感じた。過酷な実力主義のせいで多くの社員がストレスを抱えていたせいか、あるいは、ボスに気に入られなければ仕事ができない外資ならではのカルチャーのせいか、男性上司とその直属の部下の女性という組み合わせの不倫カップルが、社内に何組も存在していた。

上野がかつて勤めていた外資系企業は、社内不倫が非常に多い会社だった。

そのうちの一組に、上野と同期の女性とその直属の上司という組み合わせがあった。聡明な女性だったが、上司との関係が長引くにつれて、彼女の言動は徐々におかしくなっていった。いったん帰宅したかと思うと、深夜になってから職場に引き返してきて、残業をしている上野の目の前で上司の机の中を調べたり、引き出しの中のものを洗いざらい床にぶちまけたりするようになってしまったのである。

ある晩、彼女があまりにも乱暴な振る舞いを見せるので、上野がたしなめた。

「○○さん、そんなことやめなよ」

すると、

「うるせえなぁ」

と低い男言葉で答えが返ってきた。彼女はすでに精神を病んでいたのである。

そんな姿を上野は何度か目撃したが、その何度目かの夜の翌朝、出社すると彼女の机の上に花束が供えてあった。上野に狂乱の姿をさらした後、彼女は会社の屋上に上ってそこから身を翻《ひるがえ》してしまったのである。上司から別れ話を切り出されたのが原因らしいという噂《うわさ》だった。

その事件のことが、上野の頭にはあった。

彼女が続ける。

「私は結婚していないので、上司は奥さんと別れて私と一緒になると言うんですが、そんなことを言いながらだらだらと関係が続いてしまって……」

雪がだんだん激しくなってきた。車の窓がエアコンのせいで白く曇った。

「なんてことを……僕もう、仕事はどうでもいいですから、温かいコーヒーでも飲みながらじっくりとお話を伺いましょう」

「はあ」

上野は無理やり路肩にタクシーを止めると、あっけにとられている女性を車内に残したまま、近くのコンビニまでコーヒーを買いに走った。上野には思いついたことを迷わずに、というか、あまり深く考えずに行動に移してしまう癖があった。外資系企業を辞めたのも、その直情径行な性格のせいだと言えなくもなかった。上野は九州出身だから、いかにも九州男児らしい振る舞いだと言えばそうとも言えるのだが、粗忽《そこつ》であると言えばそうとも言えそうである。

車に戻った上野は、「俺はいったいなにをやっているんだろう」と思いつつ、女性客に対する説教をやめることができなかった。

「いいですか、その上司は奥さんと別れるなんて言ってるようだけど、絶対に別れたりしませんよ。そんなもの、不倫を継続したい男の常套句です。そんな関係をいくら続けたって、最後に捨てられるのはあなたの方に決まってます」

「男はみんなそう言うっていうけれど、それって本当なんでしょうか」

「本当です。間違いない。そんなふしだらな関係、もう明日でやめにした方がいい」

「はあ」

上野の剣幕に、女性はきょとんとしてしまった。

「でも……」

「どうしてもやめられないというのなら、どうしてもやめられないなら……この場で僕とつき合うことにしなさい」

話が思いがけない方向に転がり始めた。

「えっ、いまなんておっしゃったんですか」

「僕でよければ、絶対にあなたの面倒を見てあげるから、だから……いまここで僕とつき合うと言いなさい。いや、僕とつき合え！」

最後は思わず、命令口調になってしまった。普通の女性だったらここで車を降りてしまうところだろうが、彼女は少し変わっていた。

「あの、一週間ほどお返事を待っていただけますか」

そして一週間後、上野が渡した名刺の電話番号に、彼女から本当に電話がかかってきた。

「私でよかったら、おつき合いしていただけますか」

上野は天にも昇る気持ちだった。瓢簞《ひょうたん》から駒とは、まさにこのことである。彼女はこの一週間で、上司との関係にきっぱりとケリをつけたに違いない。

彼女は、丸の内に本社を構える大手商社の系列企業に勤めるＯＬだった。父親はエネルギー関連企業の重役で、東京の西部の街に広大な屋敷を構えていた。母親が病気で早く亡くなっていたので、彼女はその広大な屋敷に父親とふたり切りで暮らしていた。年齢は三〇代の後半。上野より一回り以上も若い。いまどき珍しく奥ゆかしい雰囲気を持った、小柄な女性である。

上野が言う。

「なぜだかわからないけれど、あの時は咄嗟《とっさ》に、僕とつき合えなんて言ってしまったんです。僕って男は、時々そういうことをやっちゃうんだな」

上野は九州の出身で、東京の私立大学の卒業。父親はすでに亡くなっているが、国鉄の車両工場の工場長まで務めたエリートであり、彼女の肩書きや出自を聞いて引け目を感じなかったのは、この父親のお蔭でもあった。

あの雪の日からすでに、七年の歳月が流れた。

上野と彼女は、いまだにほぼ毎週末デートを重ねている。好きな歌手のコンサートに出かけたり、酒を飲みに行ったりして楽しくつき合っている。

ふたりの結びつきを堅固なものにしたのは、彼女の父親の突然の死だった。出会ってまだ一年もたたない頃だったが、あっけない事故死だった。上野は例によって、仕事を放り出して葬儀に駆けつけ、そしてなにくれとなく彼女の世話を焼いた。親戚が「あの男は誰だ？」と訝《いぶか》るほどの働きをしたが、そのなりふり構わなさが、最愛の父親を亡くした彼女の心を深く捉えることになった。

そして上野はいま、彼女との関係をどうするべきか悩んでいる。

外資系企業

かつて上野が在籍していた外資系企業は、パソコンの販売とレンタルで有名な企業である。

ユニークな経営者に憧れて入社を希望する学生も多く、同期生の大半が〝早慶以上〟。東京の中堅どころの私立大学を卒業している上野にとっては、少々敷居の高い会社だった。

上野が卒業した大学からその会社に入社した人間は過去にほとんどいなかったが、なぜ上野が入社できたのかといえば、大学のゼミでコンピュータのプログラミングを専攻していたからだ。まだまだパソコンの普及が進んでいない時代、文科系なのにコンピュータのプログラムを組めるというだけで、面接官から珍しがられた。

「卒論で、渋谷駅を発着するバスの最適な運行プログラムをつくっているんですなんて言ったら、もう面接官が喜んじゃいましてね」

周囲の〝早慶以上〟を何人も蹴散らして、上野は入社を勝ち取った。そして、最初に配属された某支店で再び、〝早慶以上〟を蹴散らす成績を上げることになる。

東京の北東部、いわゆる城東地区の下町にあるその支店の取引先には、中小企業や個人商店が多かった。まだ人情のかけらがいくらか残存している街の経営者や店主たちはみな、少々粗忽なところはあるが、人なつこい性格の上野をかわいがってくれた。

「デモンストレーションといって、パソコンの無料貸し出しから営業を始めるんです。なんとか一週間だけ置かせてくださいって僕がお願いすると、『絶対、契約はしないからな』なんて言いながら、不思議とみなさん置かせてくれるんですよ。僕は人柄がいいから、下町受けするんでしょうね」

下町受けをしまくった結果、上野は入社した年の新人コンテストでいきなり全国第二位という成績を上げてしまった。全国の営業所に配属された約二〇〇人の新人営業マンの中の、第二位である。

新人は一カ月かけてようやく一件契約が取れるかどうかが普通のところ、上野はレンタルと販売を合わせて実に月間三〇台という数字をいきなり叩き出してしまったのである。〝早慶以上〟を蹴散らすどころの話ではない。これで天狗にならなければ、ならない方がどうかしているだろう。

しかし、いまになって振り返ってみれば、本当に仕事ができたのは上野ではなかった。

「僕のいたチームのリーダーはMさんといって、関西の大学でアメフトの選手をやっていた人でした。ライスボールに出たこともあってよく言ってましたね。彼は、成績の悪い部下に対して、絶対に優しい言葉をかけない人だったなぁ」

営業チームは、四、五人の営業マンによって編成されていた。チームのリーダーは、いかにも外資系らしく、年齢ではなく営業成績によって決められていた。M氏の下には上野の他にも数人の営業マンがいたが、上野以外は全員、M氏よりも年上であった。

「Mさんは年上の営業マンに向かって、『お前、なんで帰ってくるんだ。売れるまで帰ってくるな』とか、『どこへでも行って売り歩いてこい』なんて平気で言っていましたね」

上野はそんなM氏の姿勢に、激しく違和感を覚えた。しかし、上野の成績を押し上げてくれているのがM氏であることも、紛れもない事実だったのである。

上野は、たしかに人柄がいい。朗らかで、いかにも隙だらけな感じの好人物である。下町の経営者や店主が、そんな上野にほだされてデモンストレーションに応じてしまうのも頷《うなず》ける話である。しかし、デモンストレーションが終了するときになって現れるM氏は、おそらく上野とは正反対のタイプだったのだろう。経営者や店主には一週間無料で使わせてもらったという引け目があるから、強面のM氏に強引にねじ込まれると、しぶしぶでも「じゃあ、少しの間なら」と言わざるを得なかったのではないか。

要するに、上野は営業のキッカケをつくっていただけで、肝心のクロージングはすべてM氏が担当していたわけだ。新人コンテスト全国第二位という輝かしい成績も、実質的にはM氏がつくったようなものだと言っていいだろう。

しかし会社は、そうは判断しなかった。そして当の上野も、そうは思っていなかった。

上野は同期の中でピカイチの営業成績をひっさげて、下町の営業所からタクシー業界で言うところの「なか」の営業所に栄転することになる。千代田区内にあるその営業所は全国第一位の売上高を誇り、霞が関の官庁街を丸ごと抱えていた。そして上野は、某官庁の営業を一任されることになったのである。

外資は年齢に関係なく、仕事のできる社員を厚遇する。上野の月給は、手取りで二〇〇万円を突破。社内でも美人の呼び声が高い女性と結婚をし、東京の郊外に派手な一戸建ても建てた。ふたりのかわいらしい女の子も生まれて、行くところ敵なしの勢いであった。酒は銀座か赤坂でしか飲まなくなり、一晩で数万円を使うこともザラになった。

啖呵

上野のジレンマが始まったのは、「なか」に異動になってから間もなくのことだった。お役所相手の営業は、下町の営業とはまったく趣を異にしたのである。

民間企業相手のレンタルの場合、レンタル料は逓減方式をとるのが一般的である。

契約台数が多くなればなるほど一台当たりのレンタル料が安くなるよう、料金設定がされている。

一方、年間の予算が決まっている官公庁相手の場合は、単価方式が一般的だ。年度初めに納入業者が集まって一台当たりのレンタル料を入札し、最も安い単価を入札した業者が落札する。入札には相場があるが、もちろん他の業者が入札する単価を正確に知ることなどできない。他社よりほんの少しでも高い価格で入札してしまえば、一発で契約を打ち切られてしまう。

万一、ひとつの官庁との契約を丸ごと他の業者に持っていかれたりしたら、数百台分のレンタル料を一挙に失うハメになるから、霞が関の営業担当者にとって、年度初めの契約更新を勝ち取ることは絶対的なミッションであった。

ところが上野は、下町では人気者だったものの、役所との契約にはどうもなじめなかった。上司からいくら説明をされても、確実に更新する方法をうまく飲み込むことができなかった。

「なにしろ役所側の担当者も、面倒だからなるべく納入業者を変えたくないと言うわけですよ。しかし、他の業者の入札価格をリークしたりすれば、それは犯罪になってしまうでしょう。じゃあどうするかというと、上の人間同士がネゴってうまくやるらしいんですよ。でも、僕にはこの〝うまくやる〟ということがどうもよくわからなかったんだ」

　バブル崩壊以前の話である。納入業者はゴルフだの飲み会だのと接待攻勢を仕掛けて、役所の〝上の人〟と昵懇《じっこん》になる。すると〝上の人〟が他の業者の入札価格をそれとなく匂わせてくれるというのである。そこのところの機微が、上野にはどうも摑《つか》み切れなかった。

「あの、バニーちゃんのいる銀座のエスカイヤクラブなんて、上司と一緒に何度行ったかわかりませんよ。ちょっと接待を怠ると、お役人の方から『最近どうしちゃったの？』なんて言われてしまう。接待は本当に大変でした」

　接待に次ぐ接待の末、ようやく上司から「この単価で見積もりを書いて入札せよ」という指示が出た。競合他社の入札単価の情報を、役人からリークしてもらったのだろう。上野は上司の指示通りの単価で見積もり書を作成して入札に臨んだ。

　ところが……。

「指示通りの単価を書いたのに、僕が担当していた官庁のレンタル台数がいきなり三分の二に減ってしまったんです。しかも、その原因をすべて僕のせいにされてしまったんです。上司がネゴってこの単価で行けと言ったのに、上司は『上野がきちんとネゴっていなかったせいだ』と社に報告したわけですよ」

さらに上司は、上野に向かって信じられない命令を出した。

「契約更新できなかった五〇台分のレンタル料を、自分の給与から補塡《ほてん》すること」

直情径行が売りの九州男児である。上野は当然のごとく、切れた。

「ネゴに失敗したのは、お前だろう」

殴りはしなかったが、職場で、大声で啖呵を切ってしまった。

あまりの不条理に直面して、上野は自暴自棄になってしまった。そのなり方が破茶滅茶というか、わかりやすいというか……。

「もう、怒りで頭が沸騰してしまってね。なにしろ月給が手取りで二〇〇万もあったから、金銭感覚が狂っていたんでしょうね。上司とぶつかったその日から丸一カ月、自宅に帰らずにカプセルホテルを泊まり歩いて、パチンコ、競馬、競輪、競艇とありとあらゆるギャンブルをやりました。そうしたら、あっという間に三〇〇万円の借金ができちゃった」

上野のいた外資系企業には、一〇日間無断欠勤をすると懲戒解雇になるという規則があった。職場と自宅から失踪して二週間目、自宅に電話を入れると妻が出た。

「もう、継続は難しいわね」

妻の声は冷たかった。継続とは、仕事の継続だけを意味するわけではなさそうだった。一カ月たって自宅に戻ってみると、すでに家財道具はすべてなくなっていた。もちろんふたりの子供の姿もない。

「ところがですね、なぜか、ガランとした家の中に妻だけがひとりでぽつんと座っていたんですよ。すごい美人でね。二階建てのバルコニーのついた家ですよ。ごめんねと言ったら、さようならって言われました」

この日から、上野の迷走が始まることになる。

もう、この人とはいいや

一カ月の放蕩生活でこしらえた三〇〇万円の借金は、ありがたいことに退職金が五〇〇万円ほど出たのですぐに返すことができた。住宅ローンが残っていたが、若干の蓄えもあった。妻子が出ていってから約二年間、上野はバルコニーつきの一戸建てにたったひとりで陣取って、まったく仕事をせずに酒浸りの日々を送った。

「僕はね、ひとつの方向にばーっと突っ走り始めると、後に引けない性格なんだよね」

三年目。所持金が底をついてしまったので、自慢の自宅を売り払って、実家のある九州へ帰った。ちょうどバブルの最中だったので、家は購入したときよりも高い金額で売れた。その金はすべて別れた妻に渡してしまった。

「だって、僕が全部悪いんだから仕方ないでしょう」

実家に戻っていた妻は、その金に貯金を足してマンションを購入し、子供たちとともに移り住んだ。一方の上野は、九州でしばらく職探しをしていたが、またしてもパチンコや小倉の競馬にはまってしまい、このままではダメになると思って、愛知県のトヨタ自動車に期間工として働きに出ることにした。

仕事の中身は、トランスミッションの整備である。二年間真面目に働いて職長から信頼され、社員に推薦してもらえるまでになったが、年齢制限に引っかかって社員になることは叶わなかった。

トヨタを辞めた後、広島県に移って今度はマツダの期間工をやった。どろどろに溶けた金属をエンジンの鋳型に流し込む「溶塊」を担当した。熱くて辛い仕事だったが、仕事の中身以上に辛かったのが周囲の雰囲気だった。

「広島って、わしゃなんとかじゃけのうなんて言葉を使うじゃないですか。周りの人がみんな怖くってねぇ」

上野はもともと、お坊ちゃん育ちなのである。

マツダの仕事は、ロボット化が進んでいるトヨタに比べると手作業が多くて、体力的にきつかった。工場内の諸設備も見劣りするものが多く、とてもマツダの正社員を目指す気にはなれなかった。

上野はいったん九州に戻ってから、再度、上京する決心を固めた。まだ存命中だった父親は東京行きを思いとどまらせようとしたが、九州には就職先が乏しかった。上京して、セコム、アラコム、アルソックと警備会社の面接を三社、立て続けに受けた。セコム以外の二社の面接を通過したが、東京に住民票を移していないことを理由に最終段階で落とされてしまった。

上野はなんとこの間、別れた妻のマンションに居候しながら就職活動をしていたという。考えてみれば、無職の中年男性が簡単に借りられる部屋などないのだ。

「どの会社を受けても、人柄は文句ないって言われるんですけどね」

その点は、元妻も同じ認識だったのかもしれない。だから、一時的とはいえマンションに居候することを許したのだろう。

警備会社をすべて落とされた後、上野はタクシー業界を考えた。上野の年齢では、もはや他に面接を受け付けてくれるところはなかった。

そう思い詰めていたところへ、思いがけず、外資時代の先輩社員から連絡が入った。もしも職を探しているのだったら、P生命へ来ないかという誘いだった。P生命もやはり外資系企業であり、元の会社からかなりの人数の社員が流れていることは上野も薄々知っていた。年収二〇〇〇万〜三〇〇〇万の社員がゴロゴロいるという噂だった。

先輩社員が言った。

「上野、当座の支度金として一〇〇〇万ぐらい用意できるか」

「そんな金ありませんよ。なんでそんな大金が必要なんですか」

「じゃあ、サラ金でもなんでもいいから借金してつくってくれよ。最初の契約は、自腹を切って取るものなんだよ」

先輩社員はP生命に転職する際、二〇〇〇万円の借金をしたという。

「でもな、こんな借金あっという間に返せるんだ。なんせ、年収二〇〇〇万円以上は固いんだから」

多額の借金をして自社の保険を買い取らなくてはならないような世界は、考えただけで恐ろしかった。上野はP生命の話を断って、タクシー業界に飛び込む決心を固めた。

タクシー会社は、なんとなく大手がいいだろうという理由で日本交通を受けた。面接をしてくれた人事担当者の対応が人情味に溢《あふ》れていた。

「過去についてはとやかく言いません。これで奥さんと復縁できるといいですねと言ってくれたんです。まだ、三〇代ぐらいの若い人だったけれど、いい人だったなぁ」

ところが、日本交通に入社することを元妻に告げると、彼女はがくりと肩を落としてしまったのである。もしもP生命に入社してくれるなら復縁を考えてもいいと思っていたが、タクシードライバーになるなら復縁するつもりはない。元妻は、そう上野に宣告した。理由は、「友だちに言いにくいから」だった。

「その言葉を聞いて、僕はもう、この人とはいいやと思いましたね」

元妻のマンションを出てアパートを借り、いまはもうなくなってしまった常盤台営業所に勤務するようになって以降、上野は元妻ともふたりの子供とも一度も会っていない。

大切なことだから

気になるのは、築地で乗せた例の女性客のことである。

彼女とこれからどうするのか上野に問いただしてみると、直情径行が売りの上野らしくない、優柔不断な答えが返ってきた。

「七〇歳を過ぎた母親が九州にひとりでいるし、実は、長期入院している病気の妹もいるんですよ。おふくろは年金を貰《もら》えるようになったら帰ってこいって言うし、おふくろが逝った後は、僕が妹の面倒を見なければならなくなるし……。いろんなことが引っかかっているんですよね」

乗務員仲間の意見は、九州に帰った方がいいという意見と、彼女と早く結婚した方がいいという意見が半々だという。

「うちの営業所の乗務員はみんな仲がよくて、いまは本当に楽しいですね。タクシー会社の営業所としては、日本でナンバーワンじゃないかな。ここには、人情があるんです」

上野は、外資系企業のある同期生のことを話し始めた。慶應大学出身のその男は同期のトップを走っていたが、「使える奴は離さない。使えない奴はたとえ同期でも切って捨てる」と公言して憚《はばか》らなかったという。

「彼はね、『俺は人格を捨てたんだ』といつも言っていました。外資ではそのくらいやらないと生き残れないんですよ」

外資で生き残るには人格を捨てねばならず、タクシーの世界には人情があるというのは、いささか図式的な気がするが……。

「たしかにそうかもしれないけれど、たとえば六本木ヒルズから、若いビジネスマンを乗せたりすると、『ほら、早く車出せよ』なんて、乗務員をあからさまに蔑《さげす》んだ口のきき方をする人がいるんです。ＩＴ系のベンチャー企業なのかな。昔の僕だったら一発ガツンとやったところだけど、いまはむしろ可哀想だなと思いますよ。彼が悪いわけじゃなくて、仕事が悪いんです。仕事が人格を変えさせるんです。強くなれ強くなれと言う人がいるけれど、人間は強くなんてなれない。強くなるんじゃなくて、人格を変えるんですよ。もしも最初の外資系企業の仕事が人格を変えさせるような仕事じゃなかったら、僕は会社を辞めることも、家族と別れることもなかったと思います」

人格を変えることのできた人間が強い人間なのか、変えられなかった人間が弱い人間なのか、それはわからない。しかし、いまの上野が明るく、そして楽しそうに生きていることは間違いない。いや、楽しそうというよりも、気楽そうだと言うべきかもしれない。

「もう少しよく考えてから行動する面が僕にあれば、違う人生があったのかもしれませんよね。あのバルコニーつきの家で家族に囲まれて、いまごろBMWなんか乗っていたのかもしれない。でも、僕がいろんなことをやっちゃったお蔭で、たくさんのドラマが生まれている。波瀾万丈だけど、これもひとつの生き方としてよかったのかなと思うんですよ。人生捨てたもんじゃないなって」

例の彼女はこれからのことについて、「大切なことだから、九州のお母さんとよく相談して決めてほしい」と言うそうだ。ひょっとすると彼女は、あの不倫相手の上司にも同じセリフを言ったのかもしれない。大切なことだから、奥さんとよく相談して決めてほしいと。

上野に仕事のミスをなすりつけた上司は、あの出来事の後、地方の営業所をたらい回しにされて、行く先々でトラブルを起こしたという噂である。その先どうなったかは、上野も知らない。

富と権力が偏在する「なか」は、よい方向にも悪い方向にも人生を大きく変えてしまう力を持っている。その中を人間は、裏切ったり裏切られたり、愛したり愛されたりしながら、必死で駆けずり回っている。

第五話　ひとりカラオケ

「すみません、会社勤め向いてないからもう無理です。よろしくお願いします」

足立区綾瀬にある日立自動車交通の女性ドライバー、児島さおりの夫がこう言ってぺこりと頭を下げたのは、いまから一六年前のことである。

「わかりました。じゃあ、あなたが専業主夫やってください。私が働きますから」

児島がこう返事をして、契約は成立。夫はあっさり会社を辞めて専業主夫となり、児島はタクシードライバーになった。まだ、上の子が三歳のときだった。

「実は私、家事が嫌いで主婦に向いていないとずっと思っていたので、三秒で『いいよ』って返事をして、ポジションをチェンジしてしまったんです」

児島はあっけらかんとこう言う。

当時夫は、秋葉原にあった大手家電量販店の販売員をやっていた。しかし、どうも販売の仕事が体質に合わない。量販店を退職して工作機械の会社に転職したが、そこでは人間関係がうまくいかず「毎日がブルー」な状態だった。

一方の児島は育児をしてはいたが、正直なところ家事が嫌いだったので、外で仕事をしたくて仕方がなかった。前職はスーツアクター。着ぐるみの中に入って演技をしたり、踊りを踊ったりする仕事である。そして、この仕事に行き着くまでの児島の人生が、なんともいえずおかしみがあるのである。

ちなみに、夫が勤めていた家電量販店はすでに閉店しており、撤退後のビルにはアイドルグループが出演する劇場ができたそうである。アイドルグループの名前はAKB48。こちらは着ぐるみではないが、ステージの上で歌って踊るのは児島と同じである。

スーツアクター

児島は、巣鴨にある私立の女子高を卒業している。校則の厳しいお嬢さん学校として有名なところで、当然のごとくアルバイトは禁止だった。

美術系の専門学校に進学したいと考えていたが、会社の経営者だった父親から、「食べていけるはずがないから、美術の世界に行くなら学費は出さない」と宣告されていた。両親は、学内推薦で併設の短大に進学させたいと考えていたのだ。そんな経緯があって、絵の勉強をするための画材を買う金も自力で稼ぐしかなかった。児島は学校に隠れてアルバイトをやっていた。

登校前、埼玉にある実家近くの給食センターで、早朝の四時半から一時間ほど働いた。給食センターを選んだ理由は、「学校からこんなに遠く離れたところで、しかも朝が早い仕事に、学校の〝査察〟が入ることは万が一にもないだろう」と踏んだからだ。

予想した通り、給食センターでバイトをしていることが学校にばれることはなかった。しかし、しょせんは朝一時間だけのアルバイトである。収入はたかが知れている。

そこで児島が目をつけたのが、スーツアクターのアルバイトだった。登録制で仕事は不定期にしか貰《もら》えなかったが、一回当たりのギャラがよかった。そしてなによりも、学校にばれる心配がなかった。なぜかと言えば……。

「着ぐるみの中に入っていれば、顔が見えないじゃないですか」

なるほどその通りだ。

児島は、ふたつのアルバイトをかけもちしながら絵の勉強をした。しかし、さすがに専門学校の入学金を全額賄えるだけの金を貯めることはできない。さて、どうするか。

「親に短大進学を諦めてもらうためには、短大の推薦が取れない成績を取るしかありませんでした」

学内推薦で併設の短大に進学するためには、五段階評価で平均三・一以上の成績を取る必要があった。逆に言えば、平均が三・一に満たないと学内推薦を受けることができない。つまり、平均で三・一以下の成績を取れば、両親は児島を短大に入れることを諦めざるを得なくなる。

しかし、だからといって平均が極端に低ければ、今度は希望の専門学校に進学するのが危うくなる。児島はテストの出来を「微妙に調整して」、みごとに平均で三・〇を取った。短大の推薦は取れないが、専門学校の進学には支障のない成績だ。両親もさすがに、短大に行けとは言えなくなってしまった。

児島は晴れて、希望していたテキスタイルデザインの専門学校に入学した。布地や織物のデザイナーを養成する学校である。そこでレースのデザインを勉強して、これまた希望通りに、レースのデザイナーとして就職を果たすことができた。

「下着とかカーテンに、細かい模様のレースがついているでしょう。あの原画を描く仕事があるんです。原画を元にしてどのように糸を張っていくかを決めるのはコンピュータですけれど、原画はスポットで違うパターンを入れたりするので、コンピュータには描けません。レースのデザイナーが、いまでも手描きにしているんです」

児島は持ち前のガッツをフルに発揮して、レースデザイナーとして原画を描きまくった。模造紙大の原画を描く作業は相当な重労働だったが、仕事は楽しくて仕方がなかった。

だが、好事魔多しという。

就職してちょうど一年半がたったとき、締切がいくつも重なって、手首が悲鳴を上げてしまった。重い腱鞘炎《けんしょうえん》を患ってしまったのだ。児島は泣く泣く、大好きな職場を離れざるを得なくなった。

羊小屋行くべ

現在、主夫として下の子供の送り迎えや買い出し、料理、洗濯一切を担当してくれている夫とは、この頃からすでにつき合っていた。でも、籍を入れるとか入れないということは、まだまだ先のことだと思っていた。

レースデザインの会社を退職した児島は、転職先を探さなければならなかったが、どうせなら、いままでまったく縁のなかった世界に飛び込んでやろうという気持ちが強かった。手首を酷使せずに、しかもこれまで一度も触れたことのない世界。このふたつの条件で求人誌を探していると、「農家の住み込み」という単語が目に飛び込んできた。仕事の内容は、レタスの収穫と家事の手伝いと書いてある。

「これだ！」

そう直感した児島は、募集広告を出していた農家に応募の電話を入れて了解を得ると、すぐさま住み込みのための支度を整えて車に積み込み、その足で彼氏（後に夫となる男性）の勤め先に向かい呼び出しをかけた。

「いまから農家の住み込みに行く。しばらくは帰ってこないからね」

「おい、いったいなにを言ってんだよ！」

彼氏は激怒したが、児島の心はもう高原レタスの産地へと飛んでいた。素朴な農家の人々。高原の冷涼な空気。日の出とともに起きて、日が暮れるまで働く健康的な生活。そしてなにより、雄大な自然が夢破れた児島の心を包み込んでくれるはずだった。

だが、やはり好事魔多しという。

農家から与えられた仕事は、想像していたよりもはるかに楽だった。農繁期で子供の世話ができないから手伝ってほしいと言われていたのだが、やることはせいぜい、子供の弁当のおかずを詰めることぐらい。しかも、おかずは農家の嫁がちゃんと用意していたから、児島はただ弁当箱に詰めるだけ。料理が苦手な児島には、実に都合がよかった。農作業も本格的にやらされるわけではなく、補助的な仕事ばかりで、肉体的にきつい仕事は一切なかった。

しかしその村は、ある深刻な事情を抱えていたのである。

「完全に嫁不足の村だったんです」

名誉のために何県の何村とは書かないが、その村には児島が働きにやってくるまで、若い独身女性が本当にひとりもいなかったのである。

「私、花嫁候補として、村じゅうの独身男性から完全にロックオンされてしまったんです」

夜、コンビニに行こうとすると、植え込みの蔭から必ず男が現れて、

「どこ行くだ」

と声をかけてきた。

実家に電話するために電話ボックスまで歩いていこうとすると、必ず男が後ろからつけてきた。

中でも、四〇代とおぼしき、ある独身男性のアプローチはすさまじかった。彼は、どう考えても日がな一日、児島の動静を見張っているとしか思えない動きを見せた。児島がちょっとでもフリーな状態になれば、必ずどこからともなく現れて声をかけ

てくる。そして、所有する農地の広さや、飼っている牛や羊の頭数を解説し始めるのだった。

「私にはまったくわからない経済価値を力説されても、どう返事をしていいかわかりませんよね」

　そしてついに、運命の日がやってきたのである。

　夕方、電話ボックスに向かう児島の後をいつものようにつけてきたその男が、

「羊小屋行くべ」

　と言うなり児島の腕を掴《つか》んで、強引に引っ張ったのである。

　児島は男の手を振りほどき、這《ほ》う這《ほ》うの体《てい》で農家に逃げ帰ると、農家の主婦に、男にしつこく追い回されていること、そしてたったいま「羊小屋行くべ」と誘われたことなどを包み隠さず話した。

「アンタ、羊小屋なんてついていったら間違いなく手籠《てご》めにされるよ」

　この主婦の一言で、児島はその村で働き続ける意欲を完全に喪失してしまった。

「結婚に必死な男に追いかけられるのって、ものすごく怖い体験でした」

　児島が村を去ることを察知した男は、自分が原因であるとも知らずに、新車を買って児島の自宅まで遊びに行くと申し入れてきたが、児島は農家の人々に、実家の

住所や電話番号を男に絶対に教えてくれるなと頼み込んで、命からがら高原レタスの村を離脱したのである。

紅白出場

実家に戻り、彼氏に会うと、ホッとした。やっぱりこの人が好きなんだということが、しみじみとわかった。彼氏からは散々怒られたが、農家住み込み事件がきっかけになって、児島と彼氏は急遽入籍することになった。「羊小屋行くべ」の、四〇代独身男のお蔭と言えなくもない。

仕事のあてはなかったので、とりあえず高校時代にアルバイトをしていた着ぐるみショーの事務所に再度登録することにした。

いくつかの仕事をこなすうち、NHKの仕事を請け負っている業者と縁ができ、子供番組の「おかあさんといっしょ」に出演するようになった。やがて着ぐるみに入るだけでなく、人形を操る仕事も任されるようになり、ついには、紅白出演の依頼まで舞い込んでくることになった。

「ブーフーウーっていう、三匹の子ブタのキャラクターがいたじゃないですか。あのウーの中に入って紅白に出たんですよ」

ブーフーウーは、一九六〇年代にNHKで放送されていた着ぐるみ人形劇のキャラクターであり、児島が着ぐるみに入ったウーの声は黒柳徹子が担当していたそうである。紅白の記録を調べてみると、一九九五年の第四六回紅白にブーフーウーが出演したとあるから、児島が出演したのはおそらくこの第四六回だろう。児島が農家の嫁としてロックオンされなければ、別の人物がこのウーの中に入って紅白の舞台に立っていたのかもしれない。

「リハが一回だけあって次がゲネだったので、練習は二日間だけでした」

リハはリハーサル、ゲネはゲネラールプローベ（通し稽古）のことである。紅白というと、練習に練習を重ねるというイメージがあるが、案外そうでもないらしい。

紅白出演まで果たした〝スーツアクター児島〟だったが、またしても仕事を中断せざるを得ない事態に見舞われることになった。

「ちょうどクレヨンしんちゃんの着ぐるみの中に入って、日本橋三越本店広場の中央階段を駆け下りているとき、すごい吐き気に襲われてしまったんです」

着ぐるみの中は暑い。暑気当たりかと思ったが、休憩しても吐き気は収まる気配がない。病院で診察してもらうと、悪阻《つわり》だった。

このときお腹にいた子供が三歳になったとき、夫が「会社勤め無理宣言」をしたことは、すでに述べた通りである。児島がスーツアクターとして出演した「おかあさんといっしょ」にはＤＶＤ化されて市販されているものがあり、いまでも時折思い出したように、出演料の振り込みがあるという。

介護タクシー

夫とポジションをチェンジした児島が、再就職先としてタクシー業界を選んだのは、福祉に関心があったからだ。

「私、おじいちゃんおばあちゃんと同居していたんですが、おじいちゃんは亡くなるまでの一四年間、ずっと寝た切りだったんです。まだ介護保険なんてない時代だったので、家族が介護をしなければなりませんでした。結局、嫁（児島の母）に負担が集中してしまうんです。行政が提供している介護や福祉のサービスにすごい疑問があったので、これはもう、自分で勉強するしかないなと思ったんです」

児島は福祉車両を持っていた日立自動車に入社し、会社内で研修を受けて、福祉車両のドライバーになった。福祉車両にはバスとワンボックスの二種類があったので、バスの運転もできるようにと大型二種の免許まで取ってしまったというからすごい。

「私、観光バスの運転もできるんですよ」

さらに児島は、福祉車両のドライバーをやりながら、放送大学で「生活と福祉」という学科を履修して福祉を本格的に勉強し、大卒の資格を取ってしまった。その上で、国家資格である介護福祉士の資格まで取ったというから、そのバイタリティーには頭が下がる。

「うちの会社は仕事をしながら勉強をして資格を取ることに、とても協力的なんです。介護福祉士を取るには実地研修に二週間行かなくてはならないのですが、会社がなんとか休みの都合をつけてくれました」

実際に福祉車両に乗って仕事をしながら大学で福祉を学び、介護福祉士の資格まで取って、児島の福祉への疑問は解けたのだろうか。

「そうですね、障害者の方への接し方がわかったので、身構えなくなったし、街中で困っている人の手助けもしやすくなりましたね」

児島によれば、一般的に福祉車両には、タクシー（賃走）とハイヤー（時間貸し）の二種類があるそうだ。介護タクシーはタクシー会社が行政（地方自治体など）と契約を結んで行うサービスで、一般のタクシー同様にメーターを倒して料金を取るが、行政から料金の補助が出るため、利用者の負担はその分抑えられる。ただし、利用者は行政に障害者として登録している人に限られる。一方の介護ハイヤーは、障害者として登録していなくても利用できるが、行政からの補助が出ないのでお金がかかる。

「利用目的は、病院への通院とか、冠婚葬祭、お墓参りなんかが多いですね。たまには、飲み会に行くなんてお客様もいますよ。福祉車両はどうしても待ち時間が多くなってしまうので、行政の補助がないと料金が高くなってしまいますけど、私の場合はリピーターのお客様が多かったですね」

児島が運転する車にまた乗りたいと思う障害者の気持ちは、なんとなくわかる。気さくで物を頼みやすそうだということもあるが、おそらくこの人には、偏見がないのだ。障害者に対してだけでなく、タクシーの仕事に対しても偏見がない。

「よくお客様から、なんでタクシーの仕事なんかやってんのって聞かれるんですけど、いつも好きで乗ってるんですと答えます。実際、普通なら接点の持てない人と話ができるのも楽しいし、行く場所もいろいろで楽しいんです。車一台にドライバーひとりだから、贅沢《ぜいたく》にも個室を貰って仕事をしているようなものですよ」

いま、児島は福祉車両ではなく、一般のタクシーに乗っている。男性のドライバーはコンビニで弁当を買って、車内で食べることが多いようだが、児島は都内のおいしいパン屋の所在地に精通している。昼食や夜食に、パンを買って食べることが多いからだ。嫌な客を乗せた後は、高級レストランに乗りつけて気分転換をする。

「この前、ちょっと嫌なことがあったので、上野の精養軒にお昼を食べに行ったんです。あそこは駐車場が広いので車を止めやすいんですが、ドアマンの人に客待ちのタクシーと間違えられて、『そこ止められないよ。そこで客待ちしちゃダメだよ』って注意されたので、窓を開けて『お腹空いてるんです。ご飯食べさせてください』って大声で言ったら、笑って止めさせてくれました」

会社を辞めた夫は、昼間の四時間だけパートで働いている。児島が福祉車両の仕事から一般のタクシーの仕事に移ったのは、ゆくゆくは個人タクシーをやりたいと思っているからだ。個人タクシーの資格を取るには、試験を受ける直前の二年間、九人乗り以下の普通免許車両を運転していなければならないという条件がある。福祉車両でバスやワンボックスを運転していると、受験資格が貰えない。

「夫が正社員で仕事をしていないことには、まったく腹が立ちません。だって、私は家事が苦手で仕事が好きなんだから、分担しているだけのことですよ。でも、家に帰ったときに夫が家事をやってないときは腹が立ちますね。家に人が居てくれないと、子供を抱えてタクシーの仕事をやるのは無理ですよ」

児島が個人タクシーをやりたいのは、もちろん生計を支えるためでもあるが、それだけが理由ではない。個人タクシーは、時間的な自由がきく。

「自由な時間ができたら、習字と着付けを習いたいんです」

教室でも開くつもりなのかと思うと、そうではない。

「自分のためにですよ。習字は年をとってもできる趣味だし、だんだん着物が似合う年になってくるでしょう。着物を着るたびに美容院に行ってたら、高くついて仕方ないじゃないですか」

児島には、まるで屈託がない。そして、人生を手づくりしている印象がある。

「だけど、常にセーフティーネットは考えていますよ。レースデザイナーを辞めたのはひとつの挫折だったかもしれませんけれど、そもそも、才能だけで生きていく自信はなかったんです。いろいろなことを勉強するのも、セーフティーネットづくりのひとつです。どんな会社で仕事をしていたって、将来こういうことがやりたいからこういう勉強をさせてくださいって、自分からきちんと打ち出していかなきゃダメですよね」

早朝五時半からのインタビューに応じてくれた児島は、颯爽《さっそう》と仕事に出ていった。外は、台風の接近で土砂降りの雨である。

ひとりカラオケ

児島と入れ替わりで日立交通の応接室に現れたのは、本田奈緒美という女性ドライバーである。日本交通グループの男性と同じデザインの制服を着ているが、どう見てもオーバーサイズだ。肩が落ちてしまっている。色白で華奢な印象は、およそタクシードライバーらしくないのだが、それもそのはず、まだ営業を始めてから一〇カ月しかたっていない初心者だという。

本田は、ひとりで営業に出るようになってからわずか数日間のうちに、三人の客から「タクシードライバーは辞めた方がいい」と忠告を受けている。

「お客様のプライバシーは口外してはいけない規則になっているので、どこからどこまでお乗せした方かは言えませんけれど、ひとりで営業を始めて間もない頃、キャリアウーマン風の方をお乗せしたことがありました。お乗りになった瞬間からものすごく急いでいらして、国道でもどんどん前に出ろとおっしゃいます。高速の乗り口がわからなくて、教えていただいてようやく乗ったら、今度はどんどん車線を変えて前の車を追い越せとおっしゃいます。高速で追い越しなんて怖くてやったことがなかったのですが、もたもた走るなと。私がきびきび走ればよかったのですが、そのうちに、携帯でうちの会社に電話をおかけになって、この人ぜんぜん道知らないし、なんとかしてほしいんですけどって言っているのが聞こえてきました。道を教えていただきながらなんとか目的地にはたどり着けたのですが、さすがに料金をくださいとは言えなくて、お金は結構ですからと言うと、今日のあなたの仕事にいくらの価値があると思うのとおっしゃいます。メーターは一〇〇〇円を超えていましたけれど、ご迷惑をおかけしたので初乗りの七一〇円だけでもいただければと言うと、七一〇円だけ払ってくださいました。そして車を降りるとき、あなたよくこれで仕事してるわね、絶対に向いてないわよと言って降りていかれました。そのときは私、辛くて、本当に泣きました」

本田は、芝居で言うところの長台詞《ながぜりふ》を、ゆっくりとした口調ではあるけれど、ひと息に話す。一度離婚していて、子供がふたりいる。日立交通に入る前にも、車の運転をする仕事をやっていたという。

「離婚するまでは、ずっとパートで働いていましたけれど、私、同じ職場に女性がたくさんいる事務の仕事が苦手なんです。どこにでもお局さんみたいな人がいて、プライバシーを根掘り葉掘り聞かれたり、仕事のやり方を批判されたりするのがどうも苦手で、事務のパートは少しだけ通って辞めてしまいました。その後は、スーパーの鮮魚売り場で魚を捌《さば》くパートを長くやりました。真面目にやっていたのですが、ある日、職場のリーダー格だった女性が辞めてしまって、彼女がやっていた仕事を私がやらなくてはならなくなってしまったのです。それがとても大変な仕事で、私、半年ぐらいで鬱《うつ》状態になってしまって、結局、その仕事も辞めてしまいました」

スーパーのパートを辞めた本田は、今度はある検査会社にパートで入る。車でいくつかの病院を回っては病院で採血された血液検体を回収し、検査会社まで持ち帰る仕事だ。この仕事が、後にタクシードライバーになる伏線となるわけだが、本田は別段車の運転が好きだったわけではない。煩わしい人間関係がないことが魅力だった。

「要するに運び屋ですね。車に乗るのは私ひとりなので、一度会社を出てしまえばひとりきりの世界。病院とのやり取りはありましたけれど、人間関係はとても楽でした。毎日、決まったルートを通って、同じ病院を回ってくるだけなので、新しい道を覚える必要もなくて楽でした」

その点は、同じ車の運転といっても、タクシーとはまったく違う。

本田に「辞めろ」と言ったもうひとりの客も、やはり女性だった。彼女は本田の運転に、ほとんど切れてしまったという。

「そのお客様はスタイリストをなさっているそうで、撮影現場に急いで行かなくちゃならないとおっしゃっていました。走り出してすぐにクランク(直角のカーブがふたつ連続して続く場所)にはまってしまって、方向がよくわからないまま抜け出そうとバックをしたら、工事現場の足場に車を擦ってしまったんです。もう、パニック状態になってしまって……。

お客様はお怒りになって、私が行かないと撮影が始まらないのにどうしてくれるの、撮影が遅れた分の請求書を会社に送るわよとおっしゃっていました。それでも道を教えていただきながら、なんとか目的地にたどり着くと、本当に撮影のスタッフらしき方がみなさん道路に出て待っていらっしゃいました。結局、請求書は送られてきませんでしたけれど、こういう場合、言うだけ言って請求はなさらないお客様が多いようです。

なんだか、こんな話をすると女性のお客様はみんな意地が悪いように聞こえるかもしれませんけれど、決してそんなことはありません。降りるときにわざわざお花を買ってきて、どうぞって一輪渡してくださった方もいました」

本田は離婚して母と同居することになったため、日立自動車のある綾瀬の近くに引っ越してきた。病院から血液検体を集めて回る仕事は嫌いではなかったが、検査会社から遠く離れてしまった上に、交通費を支給してくれないというので諦めざるを得なかった。

離婚の原因は、夫の暴力にあった。おばあちゃん子で甘やかされて育った夫は、気が短くて人の言葉をまったく聞こうとしない人間だった。すぐに物を投げつけるだけでなく、言葉の暴力もひどかった。本人によれば、「さして意味のない一種の口癖のようなもの」に過ぎなかったが、年がら年中「馬鹿野郎」「この野郎」と家族を怒鳴り散らしてばかりいた。

夫がふたりの子供のことを愛しているのはわかっていたが、暴言のせいで、愛情はまったく伝わっていなかったと思う。家族全員が夫に服従するように、息を殺して暮らしていた。

本田は、子供が成人に近くなったら別れようと心に決めていたが、いざ、離婚を切り出すと夫はひどくうろたえた。自分が変わるから離婚話なんて取り下げてくれと何度も懇願されたが、嫌と言うほど本性を見てきた本田の気持ちは動かなかった。

夫は家では暴言は吐いたものの、タバコも酒もギャンブルもやらない、真面目に働くサラリーマンだった。金遣いも荒くはなかったので、早々に4LDKの一戸建てを購入していた。一昨年の大晦日の晩、本田はその広い家にふたりの子供を残し、飼い猫だけをキャリーバッグに入れて、身ひとつで家を出た。子供たちは、猫に負けたんだと言って泣いた。

母親の家に向かう電車の中で、欲しかったのはお金でもなく、広い家でもなく、夫の優しい態度だった、ただ優しくしてくれさえすればそれでよかったのにと思ったら、急に悲しくなって涙が出た。

母親と暮らしながら仕事を探していると、日立交通が日勤（夜勤がない）のタクシードライバーを募集していた。タクシーの世界に不安はあったが、やるしかないと思い切って応募した。二種免許を取り、地理試験に合格した。もともと地図を読むのが得意ではなかったので、地理試験には特に苦労したが、必死で勉強をした。

自分が外で働き母が家事をやってくれる生活は、家事が不得意な本田にとって悪くはない。ずいぶん楽をさせてもらっていると思う。子供ともたまには会えるし、母の年金と自分の給料を足せば、女ふたりが細々と食べていけるだけのお金にはなる。

本田に「辞めろ」と言った三人目の客は、〝偉い人〟だった。

「男性ふたりで乗ってこられたのですが、片方の方がもうひとりの方を、徹夜で接待していたらしくて、まずはゲストの方をご自宅に送り届けてほしいということでした。ご住所を伺って、だいだいこっちの方角だなと思って走り出したら、後部座席から道が違うんじゃないのとお話しされているのが聞こえてきて、どうやら迂回してしまったらしいことに気づいたんです。それで、道を教えていただきながらなんとかご自宅にたどり着いてゲストの方を降ろしたのですが、やはり相当な迂回になってしまいました。

走り出すと、残った方が、あの人ものすごく怒りっぽいのによく我慢してたよなとおっしゃって、そこから延々とお叱りが始まりました。自分は今日、講演会で話さなくちゃいけないのに、君のせいで午前中に眠る時間がなくなってしまったよ、もしも僕が君の上司だったら、君みたいな人間は、即、クビにするねとおっしゃいます。お顔はよく見えませんでしたけれど、とてもいいスーツを着ておられたし、物腰も上品な感じだったし、講演会でお話しになるくらいですから、たぶん相当に社会的な地位の高い方だと思います。

ようやくお泊まりのホテルにたどり着くと、迂回してしまったこともあって、料金は八〇〇〇円を超えていました。お客様が、君のために言うんだけれど、君は絶対この仕事に向いていないから辞めた方がいいよとおっしゃるので、お詫びを申し上げて、迂回してしまったので料金はいりませんと言うと、黙って降りていかれました。

ところが、ふとトレイを見ると一万円札が置いてあるんです。後で、会社にクレームが来ると困ると思って、その一万円札はいまでも会社に預かってもらっていますが、いまのところクレームにはなっていません。あの一万円札は、男性のプライドなんでしょうか。偉い方だから払わないのもあれなんで、お金を投げ捨てていかれたのでしょうか」

本田はひとりで営業に出るようになって一〇カ月たったいまも、毎日毎日、ハラハラしながら運転をしている。自信がない道を走るのは怖いので、指示された目的地にたどり着いて客を降ろしたら、すぐさまホームグラウンドにとって返すことにしている。男性のドライバーたちはあちらこちら走り回るのが楽しいというが、本田は決まった道をぐるぐる回っているのが一番安心だ。遠くまで走ったら、一刻も早くホームグラウンドに戻りたいと思う。

ちなみに、本田のホームグラウンドは六本木界隈《かいわい》である。営業所を出たら、まっしぐらに千代田区の大手門を目指して走り、皇居の内堀を回って六本木通りに入り、西麻布交叉点を左折して、六本木を中心に大きく円を描きながらぐるぐる回り続ける。六本木界隈を流していれば、それなりに手が挙がる。

タクシーの仕事は面白いかと聞くと、意外な言葉が返ってきた。

「お客さまをじろじろ見ると悪いと思うので、なるべくお顔は見ないようにしていますが、タクシーは密室なので、お客様がつけているコロンの香りがよくわかるんです。ルームミラーにお洋服も映るので、ああいい香りのコロンをつけたおしゃれな方だなとか、ずいぶんきつい香りをつけてるな、どんな仕事の方なんだろうなんて想像してみたり。

お話をしたくない方が多いようなので、私もなるべく話しかけないようにしていますが、密室なので、私が緊張しているとお客様にもそれが伝わってしまうのがわかります。反対に、後部座席からなにか温かいものが伝わってくることがあって、言葉は交わさないのに車内の空気が和むこともあります。

お客様と唯一接触するのは料金の受け渡しのときですけれど、降りるずいぶん前から小銭を用意される方もいるし、お釣りをお渡しするとき、いかにも手に触れられたくなさそうにする方もいます。女性の場合はいろいろなネイルの方がいらっしゃるので、指先からどんな人なんだろうって想像するんです。指先と香りだけのおつき合いですけれど、勤務中の楽しみといえばそれぐらいでしょうか」

本田は鬱病を経験してから、一日一日を生き抜くことだけを考えて、先のことはあまり考えないようにしている。客に小言を言われたり叱られたりしても、むしろ、わざわざ言ってくれたんだ、わざわざ教えてくれたんだと思うようにしている。

「私、背が高かったら宝塚の男役になりたかったんです。いまでも、短髪のキリっとした女性に憧れますね。男性はナイーブで過去の失敗を引きずる人が多いけれど、私はあまりクヨクヨしません。お客様だって人間なんだから、話せばわかるはずです。取って食われるわけじゃありませんからね。

私、犬や猫が大好きなので、犬の散歩をしている人に出会うと人よりも犬を見てしまうんです。動物は好きですけれど、離婚して以降、男性はあまり好きだと思えなくなってしまいました。男性って、女性が何を嫌がるかを誤解している人が多いですよね」

近頃、母親に認知症を疑わせる言動が多くなってきた。本田は家にいるのが好きなタイプだが、ストレスがたまってくるとカラオケに行く。ただし、ひとりである。ひとりで二時間、うたいたい歌をうたいまくる。一八番は杏里の「悲しみがとまらない」。男友達はいなくはないが、カラオケには一緒に行かない。

インタビューを終え、日立自動車の事務所を出て綾瀬駅を目指して歩く。相変わらず土砂降りの雨が続いていたが、なにも食べていなかったので、早朝から開いている店を探して綾瀬駅の周辺を歩き回った。

綾瀬には、マンションが多い。常磐線で亀有よりもひとつ上野寄りの綾瀬は、都心に通勤しやすいわりに、案外、地価が安いのかもしれない。マンションの住人の子弟が通うのか、大手予備校の看板も目立つ。資産を持たない人間は、頭か体を使って食っていくしかない。

駅の北側に、朝からやっている居酒屋兼定食屋があった。店内を覗《のぞ》いてみると、案の定、明け番らしい男性ドライバーが五、六人でテーブルを囲んでいる。テーブルの上には、おかずの皿が数枚とビールの瓶が数本。

店に入ると、ハムエッグ定食などというメニューがある。なんだか懐かしい気分になって頼んでしまったが、贅沢にも卵がふたつにハムが二枚乗ってきた。ドライバーたちを真似て、瓶ビールを頼む。朝から飲むビールは、すぐに酔いが回る。

ドライバーたちの会話に耳を傾けてみると、あの交叉点を曲がるとどうとか、高速の入り口があそこにあってとか、今度新しいホテルができたからどうだとか、地理の話を一所懸命にしている。夕べは四万で上がっちゃってさというのは、水揚げの話だろう。男は仕事が終わっても、集まって仕事の話ばかりしている。

酔った勢いで、サバ味噌煮に豚の生姜焼きまで頼んでしまい、たらふく食べて外に出る。いずれも安くて旨い。店の看板をよく見ると、店名は「かあちゃん」である。たぶん男は、なにをやっても絶対女性にはかなわないのだろうと、酔った頭で考えながら、通勤客で混み合う電車に乗り込んだ。

第六話　泪橋

日比谷線南千住駅から吉野通りを南に三〇〇メートルほど下り、泪橋交叉点を左折したところに国際自動車の台東本社はある。

泪橋とは、いまは暗渠になっている思川にかかっていた橋の名前である。江戸時代、小塚原刑場で処刑される罪人たちが、この橋の手前で涙を流しながら親族や友人に今生の別れを告げたというので、泪橋の名前がついたと言われている。小塚原刑場は慶安四年（一六五一年）の創設だが、明治の初めに廃止されるまでの間に二〇万人もの罪人が処刑されたそうである。

私は、国際自動車を取材するために下車した南千住駅を起点にすべてを考えていたので、小塚原刑場は南千住駅の方から泪橋交叉点を越えた向こう側（浅草方面）にあったものと思っていた。つまり罪人たちは、南千住駅側から浅草方面に向かって泪橋を渡ったのだと思い込んでいたのである。

ところが調べてみると、日比谷線の高架の真横にある延命寺が小塚原刑場の跡地だという。そこには首切り地蔵というおどろおどろしい名前のお地蔵さんまで立っており、したがって江戸時代の罪人たちは、泪橋交叉点の南側から、現在、南千住駅がある方に向かって泪橋を渡ったことになる。橋の向こう側で涙を枯らした罪人たちは、いったいどのような表情を浮かべてこちらに向かって歩いてきたのだろうか。

ちなみに、漫画『あしたのジョー』に出てくる丹下拳闘クラブは、この泪橋の下にあるという設定だった。主人公・矢吹丈の育ての親である丹下段平は丹下拳闘クラブ旗揚げのとき、丈に向かって「いつか泪橋を逆に渡ろう」と語りかける。

泪橋の南側には「ドヤ街」が広がっている。元ボクサーの丹下は、夢破れ泪橋を渡ってその街の住人となった人物だった。つまり「泪橋を逆に渡る」とは、一旗揚げて街を脱出することを意味するわけだが、この場合も方向としては、浅草側から南千住駅側に向かって渡ることになるはずだ。

常磐線の線路をはさんで延命寺に対峙する回向院には、高橋お伝や腕の喜三郎、鼠小僧次郎吉、あるいは吉田松陰、橋本左内、頼三樹三郎など、異形の人、非業の死を遂げた人々の墓が数多く並んでいる。

一方、泪橋の向こう側の旧山谷地区には、一泊二〇〇〇円ほどの簡易宿泊所がいまも櫛比《しっぴ》する。「いろは商店街」の入り口には、昼間からござを敷いて花札を引く人々がおり、酒に酔って路上に横たわっている人も多い。もっとも最近では、外国人旅行者を当て込んで英語の看板を掲げる宿が増えているようだが、街を歩いている人間のほとんどは高齢者である。

江戸時代には、罪人たちが泪橋を渡って刑場に向かい、昭和の時代には、丹下段平やジョーのような住人がいつか泪橋を逆向きに渡ることを夢見て、人生一発逆転を企図《きと》した。泪橋は生と死、成功と挫折の境界線に架かる橋だった。

国際自動車台東本社で、N（五二歳）というタクシードライバーに会った。

身長一八〇センチ。肩幅が広く、脚が長い。そして、甘い声と甘いマスクの持主である。国際自動車のトレードマークであるチャコールグレーのスーツと、山吹色のレジメンタルタイがよく似合っている。聞けばNは元俳優で、オダギリジョーや浅野忠信と一緒に映画に出演したこともあるという。

誰にでも、危ない橋を渡ってみたいという誘惑はある。しかし、それには当然のごとくリスクがつきまとう。Nはこれまでの人生で、何度か橋を渡っている。

アメリカ密航

いささか気障ったらしい言い方になるが、Nが最初の橋を渡ったのは、二〇代の前半のことである。

「ジョン・ローンという香港出身の俳優が、サンフランシスコに密航してアメリカでデビューを果たしたというエピソードを小耳にはさんで、アメリカに密航してみたいと本気で思ってしまったんです。単純ですよね」

　高校時代、Nはオートバイに明け暮れる生活を送っていた。といっても、暴走族に入っていたわけではない。なにしろ喧嘩《けんか》が嫌いだったので、どの組織にも属することはなかった。組織に入ると、どうしても組織同士の抗争にかり出される。抗争に加わって、大切なバイクを壊されるのが嫌だった。Nは、文字通りのフリー・ランサーだった。

「テクニック派とでも言うんですかね、あのコーナーを時速何キロですり抜けられるか、なんてことに命をかけていたわけです」

　高校を卒業しても、バイクを転がすことにしか興味のなかったNには、定職につこうという気持ちがなかった。アルバイトをして金を稼いでは、その金をバイクにつぎ込む日々を送っていた。

　ところがそんなある日、「むちゃをやり過ぎて」運転免許の取り消し処分を喰らってしまう。唯一保有していた国家資格を剝奪されて、Nは途方に暮れてしまった。Nがやっていたアルバイトは、トラックの運転手や荷物の配送など、ほとんどが車を使う仕事だったのだ。車の運転は好きだったし、自信もあった。しかし、当面の間、車に乗ることができなくなってしまった。

「とにかく、自分が好きなことで、いましかできないことをやろうっていつも思っていたので、洋服屋に営業で入ったんです。ファッションにも興味がありましたからね。思えば、あれが初めての正社員採用でした」

当時はワイズ、ビギ、コムデギャルソンといったDCブランドの全盛期だった。Nはヤングアダルトと呼ばれていたアルマーニやベルサーチのコピーが専門のアパレル会社に就職して、洋服を売りまくった。ちょうどバブル経済の終わり頃で、派手な洋服が飛ぶように売れた。

ジョン・ローンの密航のエピソードを小耳にはさんだのは、ちょうどこの頃だった。

アメリカに渡ってジョン・ローンのように現地の俳優学校に潜り込み、ハリウッド映画で華やかなデビューを飾る。伝手《つて》をたどってアメリカに渡りさえすれば、後はなんとかなるだろう。そんなことを夢見て、Nはしごく真面目に貯蓄に励んだ。

アメリカには、あくまでも密航で行くつもりだったから、渡航費用を貯める必要はない。貯金した金は、現地で生活の基盤をつくり、俳優学校に通うための金だった。

アメリカに渡る夢は、案外たやすく叶った。

バイク好きだった関係で、Nの周りにはバイクや車に関連した仕事をしている人間が大勢いた。その中のひとりに、環八沿いで外車の中古屋を経営しているオーナー社長がいた。まだバブルは崩壊しておらず、国内には金がダブついていた。ダブついた金は土地や奢侈品《しゃしひん》に流れ込み、高級外車が飛ぶように売れていた。

Nは、そのオーナー社長が中古のアメ車を買い付けるため、定期的にカリフォルニアに出張しているという情報を摑《つか》んだのだ。ジョン・ローンが密航でたどり着いたのも、まさにカリフォルニアである。

「短絡的なんで、社長、僕をカリフォルニアに連れてってくださいって直接頼み込んだんです。そうしたら、いいよって、渡航費用をポンと全額出してくれました」

密航でなく正規のルートではあったけれど、とりあえずアメリカにタダで渡るという夢は現実のものになった。しかも、行き先はカリフォルニアだ。ジョン・ローンのエピソードをわがものとする旅の第一歩を、Nは踏み出した。

闘犬の耳を切る

カリフォルニアに着いたNは、いきなりアメリカで仕事を始める気はなかった。いくら憧れていたとはいえ、アメリカのことなどなにも知らないし人脈もまったくない。しばらくの間はオーナー社長の仕事を手伝って、いずれトレーラー・ハウスを買って自活するつもりだった。

手伝いを続けているうちに、少しずつオーナー社長の仕事の現実が見えてきた。オーナー社長は中古車専門のブローカーから買い付けをしていたが、そのブローカーはアメリカに渡ってきた日本人だった。ぼんぼん育ちのブローカー氏は、ハワイにサーフィンをやりに行って、現地で知り合ったイタリア人女性とできてしまったのだ。それが、現在の彼の妻だった。

「ブローカーの奥さんはイタリアのシシリー島の出身で、彼女のおじさんは本物のマフィアだと言ってました。スティーブおじさんなんて呼んでいたけれど、アメリカでカジノの用心棒をやっているという触れ込みでしたね」

ブローカー夫婦はお金持ちが集まるロサンゼルスのレドンドビーチに広大な屋敷

を所有しており、オーナー社長とNはその家に寄宿しながら、買い付けをするのだった。

イタリア人の奥さんは、これまた広大な犬舎でアメリカン・ピット・ブルという闘犬を何頭も飼育していた。Nは中古の車やバイク、ジェットスキーなどの買い付けを手伝っていたが、なぜか、イタリア人妻からアメリカン・ピット・ブルの世話を命じられるハメになった。金持ちの日本人が、この犬を買いに来るという話だった。

「アメリカン・ピット・ブルは成犬になると耳が垂れてきて、そこが急所になってしまうので、生後三カ月ぐらいの時に耳たぶを切って耳を立てるんですね。その、子犬の耳を切る仕事を僕にやれというわけです」

Nが「嫌だと」言って拒否すると、イタリア人妻に、

「チキン！」

と一喝されてしまった。

やがて、カリフォルニアの日本人社会の現実も見えるようになってきた。

それは夢を抱いて太平洋を渡ってきたNにとって、あまり見たくない現実だった。

カリフォルニアの日本人社会に棲息している人間の多くは、マリファナやコカイン

の常習者だった。

「日本で失敗して、落ちぶれて逃げてきた人ばっかりでしたね。そういう人たちが麻薬に耽《ふけ》っているというのが、僕が見たカリフォルニアの日本人社会の実態でした。肌の色で住む場所がはっきりと分かれていることにも、失望しました。ちっとも自由の国なんかじゃないじゃないかって……」

Nはついぞ現地の日本人社会に溶け込むことができず、わずか三カ月間滞在しただけでカリフォルニアを後にすることを決意した。

「このままカリフォルニアにいたらダメになると思いました。たぶん、そこが僕の凡人たるゆえんなんだと思うけど、いつもぎりぎりのところで踏みとどまってしまうんです。そのへんが、人間としてつまらないところなんでしょうね」

首都高を専門に走っていたNは、スピードを出し過ぎてカーブを曲がりきれずに転倒することが多かった。そのせいで派手な擦り傷が絶えず、いつも破れてボロボロになったジーンズを穿《は》いていた。救急車にも三回乗ったことがある。しかし不思議なことに、骨折をしたことは一度もなかったという。

『なんぼのもんじゃい』

カリフォルニアに失望して日本に帰ってきたNは、トラック運転手のアルバイトを再開した。そして、仕事の最中に再び、運命的な情報を小耳にはさむことになる。カーステレオから流れてくるラジオ番組の中で、映画評論家のおすぎがある芝居のことを激賞していたのである。

「九十九一《つくもはじめ》というお笑いタレントさんがいたじゃないですか。彼がやっているふたり芝居がものすごく面白いと、おすぎさんがラジオで紹介していたんです。その芝居がどうしても見たくなって、新宿のシアターなんとかという劇場に見に行ったのですが、たったふたりでこんな世界をつくれるのかって衝撃を受けてしまって、終わった後、しばらく椅子から立ち上がることができませんでした」

芝居の題名も共演していた女優の名前も忘れてしまったとNは言うのだが、「九十九一」、「新宿のシアターなんとかという劇場」、そして「ふたり芝居」というキーワードから考えて、Nが見たのは、新宿のシアタートップスで上演された『なんぼのもんじゃい』という芝居に間違いない。

九十九一は、デタラメなニュースをキャスターになり切って読み上げるというユニークなスタイルの漫談で一世を風靡《ふうび》した後、テレビの世界から姿を消してしまったが、演劇の世界でみごとな復活を遂げていた。現在は、公演を企画し脚本を書き自らも演じるマルチタレントな舞台役者として活躍している。

共演者はみやなおこという、劇団「そとばこまち」出身の女優である。『なんぼのもんじゃい』は九十九とみやの代表作のひとつであり、これまでに七回も再演されている。一九八九年にシアタートップスで三回目の東京公演が行われているから、おそらくNはこの回を見たのだろう。

ネットで検索してみると、たしかにおすぎが劇評を寄せていた。

「谷口秀一作の『なんぼのもんじゃい』を初めて観た時、ド肝を抜かれました。九十九一が演じる男が一緒に暮らしている女を本当に殴るのです。舞台の上で暴力が罷り通っている、それが全然、不愉快ではない、かえって一種の快感が身体に流れ〝感動〟してしまったのです。官能と暴力の極地を描いた『なんぼのもんじゃい』。私は大好きな芝居です」

大阪の西成で、ヘビのエキスの入った怪しげな万能薬を売りながら、パチンコに明け暮れているろくでなしの男と、その男に惚れ抜いている少々頭の弱い女。男は女に日常的に暴力をふるっているが、男が飼っていたヘビが殺され、その霊が女に乗り移ってしまったことから男と女の立場が逆転していく。

「この芝居に出会って、舞台に立ちたくなってしまったんです」

好きなことで、いましかできないことをやる。これを身上にしていたNは〝テレビドラマのエンドロールによく名前が出てくる俳優養成所〟のオーディションを受けて、あっさり合格してしまう。

この養成所に三年ほど在籍する間に、Nはエキストラやガヤ（群衆）の一員としてさまざまなドラマや芝居に出演した。帝国劇場の舞台を踏んだこともあった。しかし、振られる役はいつも〝その他大勢〟の中のひとりである。

「エキストラなんて、自分じゃなくてもいい。きちんと役をもらって芝居をやりたいという気持ちが強くなってしまったんですね」

ちょうど三〇歳になったのを節目に、ある小劇団に転職ならぬ転団をした。

「演劇雑誌でこの劇団を見つけて面接に行ったら、いまこんな舞台やってるけど出てみる？　なんて軽く言われて、入団を決めてしまいました。でも、さすがに座長さんから、いまから始めるにしてはいい年だねと言われました」

これが、二本目の橋だ。Nはこの劇団に、どっぷりはまっていくことになる。

CM俳優

その劇団には、二〇人ほどの役者志望者が集まっていた。座長はある有名俳優の付き人をやっていた人物で、自らもプロの役者として活動していた。当時はまだ小劇場ブームが続いていた時代。松尾スズキが主宰する「大人計画」などが人気を集めていた。

しかし、Nが入った劇団はオリジナルの脚本を使わず、もっぱら既存の戯曲（現代劇）を上演していた。そこが弱点と言えば弱点だった。大人計画のようにオリジナルの芝居を打つことによって劇団の知名度が上がり、その後に個々の団員がテレビや映画の世界に売れていくというパターンにはならなかった。

それでもNは、年に二回の公演のために毎晩の練習を欠かさなかった。収入源は相変わらずアルバイトであり、これは他のメンバーもみな同じことだった。

「座長は、なるべくアルバイトはやるなと言っていました。トラックの運転手ばかりやっているとトラックの運転手の顔になってしまうというんです。なるほどなと思いましたが、もちろん劇団から給与が出るわけではないので、じゃあどうやって食っていけばいいんですかって聞いたら、一番てっとり早いのは女に食わせてもらうことだなと言って、笑っていましたね」

年に二回の公演にはチケットノルマが課せられたが、Nはその大半を自腹で買い取っていた。食べさせてくれる女性もいなかったので、アルバイトに精を出した。職種はやはり、得意の運転である。

「当時、高田馬場に日雇いの運転手を派遣する組合の事務所があって、そこに登録していました。朝の六時に事務所に行って、トランプを引くんです。強いカードを引いた順番に仕事を選んでいく。一番割がいいのは東京都の清掃車の運転で、日給一万八〇〇〇円ぐらい貰《もら》えました。なんでも社会党系の事務所だったらしいですが、その日暮らしの人が大勢集まっていましたね」

アルバイトで食いつなぎながら、芝居の稽古に没頭する。そんな日々を送っているうち、Nの劇団は徐々にタレント事務所的な機能を持つようになっていった。主宰者が営業をして、さまざまな仕事を持ってきてくれるようになったのだ。着ぐるみショー、映画やドラマのエキストラ、テレビCM、企業の広報ビデオ、カラオケのビデオ、イベントのナレーターなどなど。体格もよく顔立ちも整っているNは、一流企業のCMに数多く出演するようになっていく。

「覚えているだけでも、日興証券、バファリン（ライオン）、亀田製菓、NEC、キリンビール、アサヒビールなんかのCMに出ましたね。主役の俳優さんの横に並んで、缶ビールをぷはーって飲んだり。マクドナルドのCMでは、子供と一緒に車でマックを買いに行って、『おいしいね』なんて言う幸せ家族のお父さん役をやったりもしました」

テレビCMのオーディションは、まず書類選考で企業イメージに合うかどうかを審査され、それを通過した役者たちが集まって、監督やクライアントの前で絵コンテ通りの演技をしてみせるというものだった。

カラオケのビデオにも、Nは数多く出演している。

「なぜか、和服で演歌という役回りが多かったですね。たぶん、あんまり若い役者さんじゃ和服が似合わなかったんでしょう。当時は撮影の予算も多かったので、本当に真冬の新潟なんかにロケに行って、不倫の相手役の女優さんと一緒に旅館の一室で酒を飲んで、雪の中で抱き合って、さあ、心中するぞ、みたいなストーリーが多かったですね」

ギャラも悪くはなかった。

カラオケのビデオは一日拘束で、一本当たり一〇万円が相場だった。テレビCMはピンキリだったが、通年で放映されるCMの場合、一本で一〇〇万円というケースもあった。放映期間中は同業他社のCMに出られないという縛りはあったが、トラックの運転手に比べればはるかに実入りのいい仕事だった。

やがてNは、CMやビデオに出演する傍ら、あるモデル事務所のマネジャーの仕事も並行してやるようになっていく。仕事を貰っていたモデル事務所から、マネジャーをやらないかと誘われたのだ。その事務所から役者としての仕事を貰いつつ、マネジャーもやりつつ、劇団の稽古もやる。いわば三重生活である。

劇団の活動は相変わらず金にならなかったが、三重生活のお蔭で経済的にはそれなりに充実してきた。一発で自動車が買えてしまうような仕事も、ちらほらとだがなくはなかった。

『カッコーの巣』

Nが主役級を演じた芝居に、『カッコーの巣』がある。

大塚の萬《よろず》劇場で五日間、合計一〇回にわたって上演されたこの芝居で、Nはチーフ・ブロムデンというネイティブ・アメリカンの大男の役を演じている。上背のあるNには、適役だったのだろう。

『カッコーの巣』は、もともとケン・キージーというアメリカの作家が書いたベストセラー小説である。ジャック・ニコルソン主演による映画化（邦題は『カッコーの巣の上で』）によって、世界中に知られるようになった。

カッコーの巣は、精神病院の蔑称である。

刑務所に収監されていた主人公のマクマーフィーは、強制労働を逃れるため、精神病患者になりすまして精神病院に送られてくる。しかし、病院の婦長たちによる非人間的な患者の扱い方に憤りを覚えて、婦長らに対する反抗をたびたび企てるようになる。やがて患者の中に賛同者が現れ始め、患者たちは生気を取り戻しかけるのだが、マクマーフィーは病院内で起こった乱痴気騒ぎの首謀者としてロボトミー手術（前頭葉切除手術）を施され、廃人にされてしまう。

Nの演じたチーフ・ブロムデンは、マクマーフィー同様、本物の精神病患者ではなく、唖者のふりをして入院生活を送っていたのだが、マクマーフィーの影響で徐々に自尊心と自立心を回復していく。

「チーフ・ブロムデンは、ロボトミー手術で廃人にされたマクマーフィーを窒息死させることによって、彼を解放してあげる役どころです」

この芝居の稽古の最中、鬱《うつ》病になって入院してしまった団員がいた。地方から役者を目指して上京してきた、若い女性だった。芝居の舞台が精神病院だったこともあり、Nたちは彼女のお見舞いもかねて、入院先の精神病院を見学に行くことにした。

そこは、映画『カッコーの巣の上で』に描かれていたのと同じような、非日常の世界だった。直角にしか方向転換のできない人や、屋上でUFOと交信し続けている人など、奇行を日常とする人たちが大勢入院していた。患者の知的レベルは総じて高く、医師たちは自己をしっかり持っていないと患者の世界に引きずり込まれてしまう危険性があると言っていた。そこは異常と正常、常識と逸脱が、微妙に溶け合っている場所だった。

「座長からよく、常識は創造の邪魔になる、舞台の上ではなんでもありだぞと言われていましたね。お前は、これまでに身につけてしまった既成概念を壊すところから始めなければダメだぞって」

萬スタジオの公演には、客がよく入った。

「お客さんの評価は毎回違って、自分がやり足りないと思った回の評価が高かったり、自分なりに達成感があった回の評価が低かったり……。役者って、そういうお客さんの反応と自己評価のギャップを振り返って、自問自答しながらうまくなっていく世界なのかなと、このとき初めて思いましたね」

映画『カッコーの巣の上で』は、マクマーフィーを〝解放〟したチーフ・ブロムデンが、精神病院のガラス窓を割って夜明け前の薄暗がりの中に逃亡していくシーンで終わる。

「僕が出た芝居では、会場の制約もあって逃亡シーンはありませんでした。椅子に座っているマクマーフィーの後ろから首を絞めてお終いでした」

チーフ・ブロムデンは精神病院の中で唖者のふりを続ける役柄だったため、Nにはほとんどセリフらしいセリフがなかった。それでも、見に来てくれた友人から「本気でやってたんだね」と驚かれた。

『アカルイミライ』

四〇歳を少し過ぎたとき、Nは劇団からきっぱりと足を洗って、タクシードライバーに転身した。モデル事務所の仕事もすべて辞めた。劇団には、足かけ一二、三年も在籍していた勘定になる。

直接のきっかけは、結婚をして子供ができたことだった。結婚相手は元ロックバンドの歌手。ロックバンドのオーディション番組として一世を風靡した「イカ天」に出演したり、レースクイーンとして中嶋悟とヨーロッパを転戦したこともあるという女性。中嶋悟が運転する車の助手席に乗って、「あなた運転うまいわね」と中嶋を褒めた過去を持つという傑物であり、もちろん美人である。あるイベントのナレーターの仕事で一緒になったのが縁で、交際するようになった。

なぜNは、芝居を辞めてしまったのか。

「劇団では中心人物だったし、いまだに夫婦でアルバイトをやりながら続けている仲間もいるけれど、僕は、なにかが違うと思い始めてしまったんです。うまく言えませんが、なにかが違うと思い始めたということは、きっとなにかが違ったんでしょうね。本当は、その世界に住むべき人間ではなかったのだと思います」

Nは V シネマの仕事で、まだブレイクする前の大杉漣や安岡力也と脇役同士として共演したことがあった。このときも、彼らと自分の〝たたずまい〟の違いをうっすら感じたという。決定的だったのは、映画『アカルイミライ』に出演したことだった。

二〇〇三年に公開された黒沢清監督のこの映画は、カンヌ国際映画祭にも正式出品されている。主演はオダギリジョー。オダギリの初主演作品であり、他に浅野忠信や藤竜也なども出演していた。

Nは浅野忠信が刑務所に収監された一場面に出演している。『アカルイミライ』のDVDを借りて見てみると、たしかにNの名前がエンドロールに出てくる。

「台本にもエンドロールにも初めて自分の名前が入ったので嬉しかったですけれど、浅野さんやオダギリさんは、撮影現場でもなにかが違って見えました。きっと僕は、画面を通して彼らを眺める側にいたんです。撮影現場はテレビの現場なんかと違ってとても熱気がありましたけれど、ずっと違和感を抱えながら、それを傍観している自分がいました。正直言って、居心地が悪かったですね」

『アカルイミライ』の中のNには、やはりセリフがない。制帽を目深にかぶり、やや背中を丸め気味にして終始うつむいているため、表情もはっきりとは見えない。浅野忠信の後ろで面会の内容をメモに取り、時折、激昂した浅野を背後から羽交い締めにしたりするのだが、一切声は出さない。どこか、チーフ・ブロムデンに通じる役回りである。

撮影中の「居心地が悪い」という感覚は、結婚を決めて、芝居を辞める決心をするまでNから離れることがなかった。

末期がんの女性客

Nが人生で初めてアルバイトをやったのは、中学三年生のときだった。バイクを買う金を貯めるために、自宅の近所のガソリンスタンドで給油係をやった。バイトの先輩に車好きの大学生が何人かいて、仕事が終わるとドライブに連れ出された。目的はもちろんナンパだ。

「夜の街を車で流しながら、大学生たちが好みの女の子を見つけると車を止めて、おい、声をかけてこいって、僕に声をかけさせるわけです」

いま風に言えば〝パシリ〟をやらされていたわけだが、夜の街に車で乗り出していくときの期待と不安の入り交じった独特の気分を、Nはいまだに忘れていない。

「タクシーって、孤独な仕事じゃないですか。仮眠は取りますけど、二〇時間もひとりで車に乗りっぱなしです。でも、たまたま手を挙げてくれたお客様と一期一会の出会いをするのは、人間模様が見える気がして悪くないです」

Nには、人間観察の習慣がある。

「お客様を探して夜の街を徘徊していると、あのガソリンスタンドでバイトをしていたときの、なんとも言えない気分が蘇ってくるんです。僕は、あれをそのまま仕事にしてしまったのかもしれません」

ある夜、西麻布界隈《かいわい》を流していて、末期がんの若い女性を乗せたことがあった。銀座でホステスをやっていた女性だった。

「あるバーの前を通ったら、レジで精算している女の人の足がドア越しに見えたんです。直感的に『乗るな』と思って、店の前で車を止めて待っていました」

タクシードライバーを何年もやっていると、乗る人と乗らない人を瞬時に見分けることができるようになる。

「お乗せしたら彼女の方から話しかけてきて、末期がんであと半年の命と宣告されたけど、抗がん剤のお蔭で少し進行が止まったから久しぶりに飲みに出た、なんておっしゃるわけです。重いですよ。いい方向に向かえばまた飲みに出られますよ、またお会いしましょうとしか言えませんでした」

この女性の前にも、Nは余命三カ月という末期がんの患者を乗せて、認知症気味の母親にがんのことを伝えるべきかどうかと相談を持ちかけられている。どうしても、聞き役に回ってしまう性格らしい。

「そういえば芝居をやっていたとき、座長から、お前は相手を引き立たせるのがうまいとよく言われました……」

　Nは挫折をしたのだろうか。

「挫折ではないですよ。芝居はやり切ったので、いまはもう単なる通過点に過ぎません。あそこは、自分にふさわしい居場所ではなかったと思うだけです。タクシーの仕事を憐れむお客さんもいるけれど、そんなことはないですよ。運転は好きだし、たまに面倒なこともありますが、お客さんとの出会いも好きだし……。少々納得が行かないことがあっても飲み込むようになってしまったのはちょっと悲しいけれど、それを覚えないと大人にはなれませんからね」

　Nが心から解放されたと感じるのは、逗子や茅ヶ崎へ長距離客を送り届けた後、コンビニで缶コーヒーを買い、海辺でタバコを一本ふかすときだ。

「深夜に逗子マリーナなんかに行くと、誰もいない港でヨットの帆がカラーンカラーンと鳴って、夜の夜中にそんなところで潮の香りを嗅いでいると、ナルシスティックかもしれませんけれど、なんで自分はこんなところにいるんだろうって、なにか特別な感じがしますね」

世の中の大半の人間は、橋を渡ろうとしない。渡って向こう側を見てきた人間には、きっと成功も挫折もないのだろう。

第七話　缶コーヒー

一日中、机にしがみついていなければならない仕事のせいか、缶コーヒーを飲むことが多い。毎朝、日課のごとく近所の自動販売機まで歩いていって一本買う。多い日には二本、三本と追加で飲むこともある。

タクシードライバーも一日中車のシートにへばりついていなければならない仕事のせいだろうか、缶コーヒーを話題にする人が多い。なにかに縛りつけられると、男は缶コーヒーを飲みたくなる生き物なのかもしれない。

缶コーヒーと聞いて真っ先に思い浮かぶのが、尾崎豊の『15の夜』という歌だ。「盗んだバイクで走り出す」というサビの部分が有名だが、実は二番の歌詞の中に缶コーヒーが出てくる。

闇の中　ぽつんと光る　自動販売機
100円玉で買えるぬくもり　熱い缶コーヒー握りしめ

いまは一〇〇円玉一枚では買えなくなってしまったけれど、自動販売機からホットが出てくるということは、おそらく秋か冬なのだろう。私にも、寒い季節に熱い缶コーヒーをカイロ代わりに買った記憶が何度かある。

トラックとタクシー

国際自動車城東の上村一夫（五二歳）の前職は、ある運送会社の社員である。

上村は高校時代から車やバイクが好きで、高校卒業後、友人に誘われるままその運送会社に就職をしている。上村の高校では学校が推薦してくれた会社に就職するのが普通だったが、上村はなんとなく学校推薦で就職するのが嫌だった。それは必ずしも、学校に反抗心を持っていたからではなく、友人に紹介された運送会社の給与の方が高かったという理由もあった。

「私が就職したのは昭和五六年ですが、初任給で二四、五万円貰《もら》っていたと思います。当時の高卒の初任給としては、相当高い方でした」

上村はその高給のほとんどを、車とバイクにつぎ込んでいた。ちなみに当時乗っていたバイクはホンダのＣＢ－Ｒ４００フォア、車はマツダのサバンナＲＸ－７である。

「日産スカイラインが全盛の時代で、ハコスカとかケンメリなんかに乗っている友達が多かったのですが、どうも人と同じ車に乗るのが好きじゃなかったのです」

上村の風貌は穏やかな感じの細面で、どちらかといえばインテリ風である。国際自動車はチャコールグレーのスーツに山吹色のレジメンタルタイがユニフォームになっているが、細身で長身、脚も長い上村には、このユニフォームがとてもよく似合っている。

だが本人は、さすがに暴走族ではなかったものの、いわゆる走り屋ではあったと告白するのである。

「ゼロヨンレースというのをよくやりました。国道に友達の車と二台で並んで止まって、信号が青に変わったらヨーイドンで加速する遊びです。当時は警察も大らかなもので、見つかってもせいぜい『そんなことやるなよ』と口頭で注意されるぐらいのことでした。でも、後ろの一般の方の車を止めてしまうわけですから、悪いことじゃないのかと言われたら悪いことでしたよね。当時は、ガソリン代だけでも月に七、八万使っていました」

運送会社では、最初の五年間、トラックの運転手をやっていた。四五〇台ほどのトラックを所有する中堅どころの運送会社で、社員の半数がトラックの運転手、残りの半数が倉庫の管理に当たっていた。

トラックの運転手と聞くと、夜を徹して運転し続けなければならない過酷な職業というイメージがある。しかし上村は、意外なことを言う。

「仕事は楽でした。会社を出てしまえば完全にひとり切りの世界だし、当時は携帯電話もなかったので会社から連絡が来ることもない。朝営業所を出て、たいてい昼過ぎには仕事が終わってしまうので、営業所に戻ってくると、まずトラックを洗車して、その後に自分の車を洗車して夕方には帰ってしまう。そんな、のんびりした生活を送っていました」

上村がいた運送会社は、ある大手家電メーカーの専属に近い形で仕事を請け負っていたため、トラック運転手たちの主な仕事は、家電製品をメーカーの物流センターから関東一円に点在している代理店（問屋）まで送り届けることだった。

「荷物の積み下ろしは大変でしたが、決まった点から決まった点まで、毎回ほぼ同じルートを走るだけですから気が楽でした。その点、同じ車の運転でも、タクシーはまったく違います。タクシーは毎回行く場所が違いますからね」

トラックは運転席が高くて見晴しがいい上に、複数のバックミラーを装備しているため、歩行者や障害物を発見しやすい。そしてなによりも接客をしなくていいということが、タクシーとは決定的に違った。

「トラック運転手には、ひとりがいいっていうタイプの人が多いと思います」

トラック野郎と言えば菅原文太だが、現実のトラック運転手には、どちらかといえば孤独を好む人間が多いらしい。

束縛嫌い

上村によれば、トラックの仕事の醍醐味は夜明けにある。

通常の業務は、朝、物流センターで荷物を積み込んで勝手知ったる道をなじみの代理店まで走って荷物を下ろすだけだから、特段、面白いということもなかった。だが時々、物流センター間の配送という大仕事が舞い込んでくることがあった。

「実を言うと、クライアントの大手家電メーカーは自前の物流部門を持っていたのですが、労働組合が強かったので、社内の物流部門はスケジュール的に無理が大きい仕事は引き受けなかったのです。そこで、私がいた会社のような下請の運送会社に、そういう無理な仕事を回してくるわけです」

無理なスケジュールとは、たとえば、午後、東京の物流センターで荷物を積み込んで、翌朝までに九州の物流センターまで届けるといったものである。

上村が経験した中で最もきつかったスケジュールは、午後三時に東京の国立で荷物を積み込み、翌朝の八時までに福岡の太宰府まで届けるというものだった。走行距離は約一二〇〇キロだから、平均時速七〇キロ以上で休みなく走り続けなければ約束の時間に到着できない。こういう仕事になると、パーキングエリアで食事をしたり休憩したりする暇はない。それこそ、缶コーヒーを片手にひたすら走り続けるしかない。

しかし、会社側もよく心得たもので、こうした仕事は若いトラック運転手に振ってくるのが常だった。なぜなら、若い運転手ほど知らない土地に行きたがるものだからだ。当時、二〇代の若者だった上村ももちろん、初めての風景を目にするのが好きだった。

「太宰府に行ったときは、ちょうど関門海峡を渡るときに夜が明けました。徹夜で走ると日の出を迎えるときに妙な達成感があって、風景が目に焼きつくような気がします。夜明けの景色は格別です。隣に人が乗っていない、ワンマン運行がいいですね」

夜明けの空気の精妙さは、私にもよくわかる。そして、そんな瞬間をひとりで味わいたいという気持ちも、わからないではない。

「トラックに乗る人は、束縛されるのが嫌いなのかもしれません。もちろん時間的な制約はありますが、タクシーと違って、よほどのことがなければクレームになることはありません。でも、束縛が嫌いだからといって人間が嫌いなわけではないんです。同じ会社のトラックとすれ違うとき、知らないドライバー同士でも手を挙げて挨拶する習慣がありますが、そういうのはとても嬉しいです」

自社のトラックは、塗装ですぐにわかるそうだ。

「一瞬の交流ですけどね。トラック運転手には、人づき合いが下手な人が多いんですよ」

そんな上村に家族がいるのかと思ったら、ちゃんと妻子がいるという。妻は、友達の奥さんに紹介してもらった女性だそうである。たしかに、ひとりでトラックのハンドルを握っているのが好きな人間が、自力で女性と出会うのはなかなか難しいことだろう。

ちなみに最近、子供がようやく高校生になったので、上村の念願だった大型バイクを買ってもいいと奥さんからお許しが出たそうである。

不信

〝気楽な稼業〟であるトラックの運転で稼ぎ、稼いだ金を好きなバイクと車につぎ込む。若かりし頃は、そんな文字通りの気ままな生活を満喫していた上村だったが、やがてトラック運転手を卒業して、営業所の人事・労務関係の仕事を任されるようになった。会社からの信頼が厚かったのか、四〇代の若さで部長に昇進することになり、五年ほど前にある物流倉庫の管理を一任されることになって、人生が一変した。

倉庫といっても、おそらく多くの人が想像するサイズをはるかに超える大きさの倉庫である。幅約一〇〇メートル、奥行き約五〇メートル。四階建てで、各階には高さ二メートルの棚が四段入っていたというから、要するに、一階分の高さが八メートルもあることになる。倉庫内では「リーチ」と呼ばれる、一〇メートルの高さまで荷物を持ち上げることのできる立ち乗りのフォークリフトが走り回り、パート、アルバイトを含めて一〇〇人近い従業員が働いていた。

「倉庫自体は他社の所有物でしたが、私のいた運送会社が管理を委託されていたのです。私はその倉庫の棚卸《たなおろ》しで、ある失敗をしてしまったのです」

上村が、急に口ごもった。本名を出されると、狭い業界だからすぐに自分であることがバレてしまう。だから、「失敗」の詳細は語りたくないという。仮名にするというと、ようやく重たい口を開いた。

「つまり、誰かが責任を持たなくてはならないという意識を、自分が持ってしまったのです」

これではさっぱり意味がわからないが、細かい点を聞き込んでいくと、上村の言う「失敗」の意味がだんだんわかってきた。

棚卸しとは、倉庫内にある品物の「実数」を勘定して、帳簿上の「あるべき個数」と照合する作業のことである。決算や課税は倉庫にある品物の実数を元にして行われるから、棚卸しは企業にとって非常に重要な作業だ。ところが、その物流倉庫の前任の管理者が、棚卸しで恒常的に手抜きをやっていたのである。

棚卸しの一般的な手順は、まず倉庫に入庫している品物の名称や品番だけが記されたシートを用意し、それぞれの品物の「実数」を人間がカウントしてシートに記入し、それが終わった段階で帳簿に記載されている「あるべき個数」と照合するというものだ。こうすることによってはじめて、「あるべき個数」と「実数」の差を把握することができる。

ところが前任者は、最初から入庫している品物の「あるべき個数」が記入されているシートを用意してしまい、数字の部分にテープを貼って目隠しをした状態で棚卸しに使っていたのである。これでは、テープを剝がせば簡単に「正解」を見ることができてしまう。

実際、棚卸しの作業者は「実数」を勘定する前にテープを剝がして「あるべき個数」を先に見てしまい、それと同じ数字を「実数」の欄に記入していた。こうすれば、ひとつひとつ品物を数えるという面倒な作業をやらないで済んでしまう。通常、なんらかのミスがない限り、「あるべき数字」と「実数」がそれほど大きくズレることはないから、どうせバレはしないと前任者は高《たか》を括《くく》っていたのである。

ところが、クライアントがその作業実態を現認してしまった。

「クライアントは、その物流倉庫で恒常的に不正が行われているとクレームをつけてきました。そこで会社は、私に立て直しに入れと命じたわけです」

なぜ、上村に白羽の矢が立ったかといえば、その物流倉庫はそもそも上村が立ち上げたものだったからだ。当時としては最新鋭だった倉庫の仕組みをよく理解している上村なら、立て直しができるだろうと会社は考えたわけだ。

それだけなら、文句はないはずだが……。

「当時の取締役から立て直しの役目を打診されたのですが、私はその言い方に我慢ならなかったのです」

そもそも、その運送会社は関西資本の会社だった。オーナー社長はやはり関西人だったが、社員の冠婚葬祭の助っ人を必ず買って出るような人情家で、上村は嫌いではなかった。件《くだん》の取締役も関西人で、頭が切れるので有名な生え抜きの出世頭だったが、彼は人情家などではなかった。上村を呼びつけると、こう宣告したのである。

「倉庫の立て直し、やってくれるの、くれないの。やってくれないなら……」

「辞めてもらうよ」という言葉がこれに続くことを、上村は理解した。大きなクライアントからのクレームだったから、会社も切迫していたのだ。

「でも、これではほとんど脅しです。こんな言葉を二五年間も勤めた人間に対して言うのかと、本当に驚きました。これ以来、会社も関西人も信用できなくなってしまいました」

関西人への不信感はともかく、妻子を抱えていた上村はおいそれと会社を辞めるわけにはいかなかった。しぶしぶでも倉庫の立て直しを引き受けざるを得なかった。

しかし、どうしても心が晴れなかった。

そして、倉庫の立て直しも難しい仕事だった。

上村は、広大な倉庫をいくつかのエリアに分けて、毎週、ひとつのエリアの実数を勘定してクライアントに報告し、翌週は別のエリアの実数を勘定して報告するという、いわば「分割棚卸し」の方法を定着させようと考えた。膨大な品物の実数をいっぺんに勘定させようとするから、作業者は嫌になってしまうのだ。エリアを分割してやれば、一回の棚卸しの対象となる品物の数がぐっと少なくなる。

ところが、一度手抜き作業に染まってしまった現場に新しいやり方を定着させるのは、生易しいことではなかった。管理者である上村に、露骨に反抗する者まで現れる始末だった。現場は、腐り切っていたのだ。

上村は必死で改善に取り組み、新しい棚卸しの方法をなんとかして習慣づけようと努力を重ねた。しかしその間も、どうしても会社への不信感を拭い去ることができなかった。

立て直しを任されてから三カ月たったとき、上村は妻に事情をすべて話した。

「しょせん、人間をこんな程度に扱う会社だったんだ。俺、辞めてもいいかな」

「あなたに任せるよ」

妻は、毎日憂鬱《ゆううつ》な顔をして家を出ていく上村の姿を見て、鬱病にかかっていると思っていたらしい。実際はそうではなかったのだが、いずれにせよ、妻は上村の言葉に一切の反論をしなかった。上村は、二五年間勤めた会社をあっさり辞めてしまった。

「当時は悔しかったですが、辞めてさっぱりしました。国際自動車に入ったことも後悔していません。ただ、会社というものは、なにか問題が起きたら誰かに責任を負わせるものなんだなとは思うようになりました」

どうやらこれが、「誰かが責任を持たなくてはならないという意識を、自分が持ってしまった」という奇妙な言い回しの真意であるらしい。

物流倉庫の一件は、そもそも上村にはなんの責任もない話だったが、人づき合いが下手な上村は、例の関西人の取締役にまんまと責任を押し付けられてしまったのだ。押し付けられてしまった原因は、上村が「誰かが責任を持たなくてはならないという意識を持ってしまった」ことにある。それが、サラリーマンとしての彼の「失敗」だった。

ナイーブといえば、あまりにもナイーブな反応である。しかし、中年になってもこんな感受性を持ち続けて、そして、世間に傷ついていく人間は存在するのだ。

自由と缶コーヒー

上村が国際自動車の面接を受けたときの面接官は、現在、国際自動車城東の社長を務めている岡本眞一だった。岡本は、開口一番こう言った。

「国際自動車は社員を大切にする会社だから、どうぞ安心して来てください」

この言葉を、上村はいまだに忘れていない。

人間づき合いが下手なのはいまでも変わらないが、いまは、人と人のつながりを大切にしようと心がけている。

「苦手なタイプの人でも、自分から声をかけるようにしています。相手の方から心を開いてくれることは、まずありませんから。接客でも、研修で教えられた通り『ありがとうございます』と声に出して言うようにしています。お客様とのコミュニケーションの手を抜くと、誤解やトラブルの種になりますからね」

タクシードライバーはトラック運転手ほど〝気楽な稼業〟ではない。ひとり切りの世界ではなく、狭い車内に見ず知らずの他人を同乗させなければ、商売にならないのだ。むしろ、気を遣うことが多い仕事だ。

休日、上村は一三〇〇CCの大型バイクに乗って、海を見に行くのを楽しみにしている。妻からお許しの出た、念願の大型バイクである。ひとりで、房総半島の海岸線を走ることが多い。

「朝の六時頃家を出て、昼頃には帰ってきます。特に目的地を決めてあるわけではなくて、気が済むまで走ったら、海辺で缶コーヒーを一本飲んで戻ってくるんです。ふだんの生活とちょっと違うことができれば、それだけでいいんです。食事もしないので、かかるのはガソリン代と一二〇円だけです」

約束の時間が残りわずかになったのでインタビューを切り上げようとすると、上村が唐突に言った。

「世の中、不合理なことが多いですね」

「そういう世の中をどうしたいですか」

「せめて自分だけでも、人に責任をかぶせるようなことはしたくないと思っています。だから、なるべく管理する側には回りたくないのですが……」

冒頭に引用した尾崎豊の『15の夜』は、こんな歌詞で終わる。

誰にも縛られたくないと　逃げ込んだこの夜に　自由になれた気がした　15の夜

第八話　愚か者

京浜急行には、奇妙な駅名が多い。

路線図から思いつくままに拾い上げてみると、青物横丁、鮫洲《さめず》、立会川、梅屋敷、天空橋、鈴木町、花月園前、生麦、黄金町《こがねちょう》、屛風浦《びょうぶがうら》、金沢文庫、安針塚《あんじんづか》などなど、歴史を感じさせるものや、なにやら曰くありげな名前の駅がいくつもある。その中でも東京の大田区にある雑色駅は、曰くありげのジャンルで三本の指に入るのではなかろうか。

雑色と書いて、ゾウシキと読む。手元にある講談社発行の『日本語大辞典』で引いてみると、こんな意味があるらしい。

【雑色】律令制下、諸官庁で雑役に従事した下級職員。のち院宮・公家・武家の家の従事者。さらに幕府などにも踏襲され、さまざまな役の下級役人をさした。

いまで言えば、さしずめノンキャリアの国家公務員といったところだろうか。

江戸時代（文化文政期）に編まれた『新編武蔵風土記稿』という武蔵の国の地誌の中には、以下の記述がある。

六郷領は、郡の南方なり、多磨川の涯、八幡塚、高畑、古川、町屋、道塚、雑色の六村、古は一村にし、六郷村といへりと、土人の口碑に傳へたり、
（雄山閣刊　巻之四十　荏原郡之二　六郷領）

つまり、雑色はかつて六郷村の中に包含されていたということである。また、同書の同じ巻の中には、「雑色村」の項もある。

○雑色村　雑色村は、郡の巽の方にて江戸日本橋より四里の行程なり、昔は六郷村の内にて、其頃は此地を東郷と呼べり、今の村名いつの頃起りしや詳かにせず、

要するに、雑色という地名の由来については、よくわからないということだ。

京浜急行の公式ホームページには、雑色駅の名前は明治三四年の京急線開業当時に地名からとったものであり、雑色は明治末年、六郷村に編入されて現在は駅名にその名を残すのみであると明記されているから、少なくとも明治三四年の時点では、雑色という地名が使われていたことは間違いない。

ちなみに現在の雑色駅の住所は、大田区仲六郷である。かつてこの地に雑色と呼

ばれる下級役人たちが集住する宿舎、つまりは公務員宿舎のようなものでもあったのだろうか。

私はあるタクシー会社を取材するために、生まれて初めてこの雑色という変わった名前の駅で京急線を降りた。京急川崎駅から品川行きに乗ってふたつ目、多摩川の鉄橋を渡ってすぐの六郷土手駅の次が雑色駅である。

改札口を右に出て、駅前のコンビニで缶コーヒーを買い、店の前で一服していると、驚いたことにコンビニのごみ箱めがけて次々と人がやってきては、ゴミ箱の中に手を突っ込んで雑誌や新聞を引き抜いていく。その手つきの鮮やかさに、思わず見とれてしまった。

目当てのタクシー会社の名前は、三信交通という。

中小ながら、プロのボクサーやキックボクサー、バスケットボール選手のスポンサーをやっているというので、おそらく面白いエピソードを持った社長が経営しているに違いないと当たりをつけたのである。

駅前のコンビニを離れ、短いアーケード街をくぐり抜け、交通量の多い第一京浜(国道一五号線)を渡り、路地を三つばかり曲がると、道路をはさんで東六郷小学校の向かい側に三信交通の看板が見えてくる。敷地の大半は車庫。入り口左手にある二階建ての事務所は、いかにもくたびれた感じのプレハブ造りである。事務所のカウンター越しに来意を告げると、プレハブの二階にある、今度は妙に豪華な内装の会議室に通された。

お転婆社長

女性の社長であることはわかっていたが、インタビューを申し込んでから一カ月近くも待たされた。なんでも、国際学会に出席する夫に同行して、ヨーロッパに行っているということだった。国際学会、ヨーロッパ、いずれも中小のタクシー会社の社長のイメージとはかけ離れた言葉である。

いったいどんな人物が現れるのか、いささか冷房の効き過ぎた会議室で想像をめぐらしながら待ち受けていると、紺色のスーツに身を包んだ、よく日焼けした女性が、賑やかな笑顔を浮かべながら登場した。いわゆる「やり手女社長」というイメージとはほど遠く、お転婆のお嬢さんがそのまま成人したような印象である。

名前は、郭成子。会って間もなく、会議室の内装がやけに豪華な理由が判明した。

「ここは、三信交通を創業した先代の社長が会長室として使っていた部屋なんです。先代は一番奥にデスクを置いて執務をしていましたが、私はこの部屋に籠っているのが嫌だったので、会議室として開放してしまったのです」

インタビューを始めると、郭が本物のお嬢さん育ちであることがわかった。

生まれは、東京の世田谷区梅ヶ丘。育ちは、同じ世田谷区の成城学園。言わずと知れた高級住宅街である。しかも郭は、民俗学者の柳田國男がかつて暮らしていた家に住んでいたというから驚く。

実父は東京外国語大学の英米語学科を出て、新卒で成城学園高校の英語教師になった人物。その後、防衛大学校の英語学の教授になり、最後は日本獣医畜産大学の名誉教授になって引退している。そんな実父の経歴のお蔭で、成城の家にはよく自衛隊の幹部が遊びに来ていたという。

いかにも、英語学の教授の娘らしいエピソードがある。

郭は帰国子女ではないが、幼い頃からリンガフォンのテープを聞かされて育っている。結婚して三人の男の子を産み、そのうちのひとりが英国の高校に短期留学をした。その息子が現地で親しくなった英国人の友達を日本に招待したとき、友人が息子に向かって、

「君の英語よりもお母さんの英語の方が、はるかにクイーンズ・イングリッシュだ」

と言ったというのである。英国の高校といってもただの高校ではない。名門イートン校よりもさらに古い歴史を持つパブリックスクール、ウインチェスター校である。貴族や上流階級の子弟が通うこの高校の生徒からこう言われたということは、郭の英語がそうした世界で通じる英語だったということである。

郭が受けた教育は、英語に限らずレベルが高い。

幼稚園は、普通の幼稚園には通わずに、黒柳徹子の『窓際のトットちゃん』で有名になった自由学園の幼児生活団に通った。当時、東京には目白と世田谷代田に幼児生活団があり、郭が通ったのは世田谷代田の生活団。音楽家の坂本龍一も自由学園の幼児生活団出身だそうである。

小学校は東京教育大学付属小学校（現在の筑波大学付属小学校）に入学し、高校まで内部進学している。言わずと知れたエリート養成学校であり、同級生には自民党の村上誠一郎と小泉龍司がいた。女子で高校まで内部進学できるのは一〇数人に過ぎなかったというから、よほど頭がよかったのだろう。

ちなみに、郭の夫は教育大学付属高校で一学年上の先輩であり、東大医学部に進学して、現在はALS（筋委縮性側索硬化症）の権威として世界的に活躍している。つまり「夫の国際学会」とは、このALSの国際学会のことだったのだ。夫は、あの有名な科学雑誌『ネイチャー』に論文が掲載された人物でもある。

知的で華やか。およそタクシー業界とは接点のない、郭の外見そのままの経歴だが、やはりというべきか、郭には少々変わったところがあった。

教育大学付属高校の生徒は、その大半が東大を受験する。実際、同級生の村上誠一郎も小泉龍司も、現在も交遊関係があるという七つ下の片山さつきも東大法学部の卒業生である。ところが郭は、周囲のみなが目指す東大にどうしても行きたくなかった。

「まず、国立大学に行きたくなかったし、東大よりももう少し人間味のある、キリスト教系の大学がいいなと思ったのです」

郭が選んだのは、立教大学の社会学部だった。卒業生の三分の二が東大に進学するこの高校において、おそらく立教大学という選択は相当異質だったに違いない。もちろん立教大学も有名大学のひとつには違いないが、偏差値的な比較をすれば、東大とは相当な開きがある。しかし郭は、どうやら偏差値などというものには頓着しない性格らしいのだ。

立教で大学院まで進学したところで、学生結婚をした。休学の形で研究を中断して、三人の男の子を出産した。

「勉強よりも子育ての方が面白いなと思って、研究からはすっぱり離れてしまいました」

相変わらず、タクシー業界とは縁がない。

軽井沢

実を言うと、タクシー業界と縁があったのは郭の夫の方だった。

夫の父親、つまり郭の義父が、三信交通だけでなく、三葉交通、大森交通という三つのタクシー会社を創業した人物だったのである。つまり、例の豪華な内装の元会長室は、郭の義父が使っていたわけだ。

義父は一九一五年（大正四年）の生まれである。一六歳でタクシー運転手の助手となり、助手席に乗ってクランク（エンジンを始動させる装置）を回す仕事についた。やがて自らタクシー運転手になって資金を貯め、ガソリンスタンドの経営を始めたのを皮切りに、タクシー会社、飲食店など、手広く事業を展開していった。

一般によく知られていたのが、千駄ヶ谷にあった韓国宮廷料理の店、「外苑」だ。「外苑」は六階建てのビルで、首都高速からよく見えたという。サウナを併設し、正面入り口から三階まで上るエスカレーターが外から見えるシースルーの構造になっており、建設当時は極めてモダンなつくりの店だった。

芸能人がよく利用しただけでなく、プロ野球の開幕戦のときには、巨人と対戦する阪神タイガースが戦勝祈願の宴席を張る店としても有名だった。

これらの事業を、郭の義父はたった一代で築き上げたというから、「やり手社長」と呼ぶべきはこの義父の方だったのだろう。

ところが、義父が立志伝中の人物だったにもかかわらず、その息子、つまり郭の夫は子供の頃から学究肌で、医者になっても研究を好むような人物。およそ事業の経営をやるようなタイプではなかった。それゆえ義父は、八〇歳を過ぎるまで経営の陣頭指揮を執り続けていたのだが、ちょうど世紀の変わり目の頃、急に気弱になってしまった。

「最初は、自分一代で事業は終わりにすると言っていたのですが、急に誰に継がせればいいのかって悩むようになったのです」

そして、二〇〇〇年の夏――。

郭は例年のように、義父が軽井沢に持つ別荘に遊びに行っていた。目的はテニスだ。盛夏のひと月、義父の別荘に入り浸ってテニス三昧の日々を送るのが、郭の大切な年中行事のひとつだった。義父も夏の間は夫婦揃《そろ》って二カ月近く軽井沢に滞在しており、用事があるときだけ東京に出向く日々を送るのを常にしていた。

別荘の敷地は一八〇〇坪。屋敷の周囲は森。裕福な成功者である両親と医師の夫。そして、三人の元気な息子たち。郭は絵に描いたように幸福で優雅な人生を、いささかの不満も不安もなく謳歌《おうか》していた。ところが……。

「ある日、別荘の部屋に夫の家族が全員集まって、家族会議をやっていたのです。私は外でテニスをやって遊んでいたのですが、突然、家族会議の席に呼ばれて『すべての事業をあなたが継ぎなさい』と義父に言い渡されました。まさに、青天の霹靂《へきれき》でした」

家族会議でどんな会話が交わされたのか、郭は知らない。家族会議といっても、夫の両親と夫、そして夫の姉しかおらず、しかもその当時、時間的な余裕があったのは郭ひとりだけだったというから、義父に見込まれてのバトンタッチだったのか、それとも消去法で決まったものか、どちらとも判じ難い。

韓国宮廷料理

突如、思いがけない大役を背負わされ、いささか憂鬱《ゆううつ》な気分で軽井沢から東京に戻った郭は、いきなり厳しい現実を突き付けられることになった。

「バブルはとっくに崩壊していて、景気が悪くなっていた時代です。特に韓国宮廷料理の『外苑』は、急いで改革しないと潰れてしまうほど危険な状況にあることがわかったのです」

昭和三〇年代に開業した「外苑」には古くからの従業員が多く、実質的に彼らが経営を牛耳っていた。店の歴史が長いと、どうしても狎《な》れ合いや癒着が増えてくる。郭が少し調べただけでも、サウナ部門で古くからのなじみ客から正規の料金を取っていない例があったり、レストラン部門で材料の納入業者との間に癒着があったりすることが次々と明らかになっていった。

そして郭は、不条理が大嫌いだった。同じサービスを提供しているのに、古なじみの客からは正規の料金を取らず、新規の客には正規料金を請求するなどということは、断じて許すことができなかった。

「なんとかしなければならない状態なのは明らかでしたが、なにしろ私の実家は韓国料理を一度も食べたことのない家だったので、まして宮廷料理のことなんてなにも知らなかったのです」

　そんなことでは、古参の従業員たちから相手にされるはずがない。そう悟った郭は、持ち前の向学心を発揮して、韓国宮廷料理の勉強を猛然と始める。荻窪にいた趙さんという両班（李氏朝鮮時代の貴族階級）出身の宮廷料理研究家のもとに一年間通い詰めて、宮廷料理の作り方をひと通りマスターしてしまったのである。

　しかし、現場の従業員たちの抵抗はしたたかだった。

　まず料理人たちは、伝統的に厨房は女人禁制であることを楯《たて》にして、郭が厨房に立ち入ることを拒んだ。しかし、冷蔵庫の中身をオープンにしない限り、なにをどれだけ仕入れているかを正確に把握することはできない。それができなければ、納入業者との癒着の証拠を摑《つか》み、不正を糺《ただ》すことは不可能だった。

　郭は覚悟を決めて、厨房の中にズカズカと踏み込んでいった。

「料理長は、腕は一流でしたけれど、やはり納入業者との癒着なんかがあったんですね。コミュニケーションを取るのが本当に大変でした」

　接客係には、いわゆるお局がいた。彼女が接客係全員を仕切っており、郭のあらゆる言動に対して、真っ向から反対の意思表示を突き付けてきた。

「お花を飾る場所ひとつにしても、大反対を唱えるんです。彼女とは壮絶なバトルを繰り広げましたけれど、私の方が胃潰瘍になってしまいました」

やがて料理長は、郭が誠実な人柄であることに気づいたのか、あるいは宮廷料理を自ら習いに行ったことが彼の琴線に触れたのか、最後には郭の危機感をよく理解してくれて、新しいメニューづくりの相談に乗ってくれるまでになった。

接客係のお局は、最後の最後まで面従腹背の姿勢を崩そうとしなかった。表立って反論してくることは徐々に少なくなったが、さりとて腹を割って話し合えるということにもならなかった。

最後までうまくいかなかったのは、サウナ部門だった。サウナ部門では従業員と古くからの顧客との狎れ合いがはなはだしく、マッサージなどのサービスを無料で提供しているケースが多いことを郭は調べ上げていた。しかし、郭がそれを指摘しても、従業員たちは仕事のやり方をまったく改めようとしない。長い闘いの末に、なんとサウナ部門の従業員全員が仕事をボイコットするという事態にまで発展してしまったのである。

「全員に辞めてもらうしかありませんでした」

こうして郭が胃に穴をあけながら旧弊を排していった結果、「外苑」は新しく生まれ変わるかに見えた。ところが、思いがけない伏兵が潜んでいた。

「なんと、建物が消防法に引っかかってしまったんです」

サウナを併設していた「外苑」は、以前から水回りが相当傷んでいた。なにしろ昭和三〇年代に建てられたビルである。多少の水漏れは致し方のないことだったが、とうとう漏水が客の使う駐車場に流れ落ちるようになってしまったのである。打つ手はなかった。

郭の奮闘は、文字通り水泡に帰してしまった。首都高速からよく見えたという「外苑」のネオンサインは、二〇〇四年に消えることになった。

「本当に、これからってときだったんですけどね」

当時のことを思い出したのか、郭の口調にはいまだに悔しさが滲《にじ》むが、郭が組織の改革に燃える質《たち》であることを、この「外苑」の一件が証明している。やはり郭は、天性の経営者だったのだ。義父の目に、狂いはなかった。

禁煙タクシー

「外苑」の立て直しから着手した郭が、タクシー会社の経営にタッチするようになったのは、一年遅れの二〇〇一年からである。
先述の通り、創業社長は三つのタクシー会社を設立していた。それぞれの創業年を記すと次のようになる。
三信交通　昭和二七年
三葉交通　昭和三四年
大森交通　平成一一年
合わせて二〇〇台程度の規模だが、小泉元首相が推進した規制緩和によってタクシー会社の増車自由化が始まったのが、まさに二〇〇二年である。タクシーの台数が急に増えて客の奪い合いが激化する中、中小のタクシー会社が生き残っていこうと思ったら、なにか際立った特色を打ち出さなくてはならない。そう考えた郭が全国に先駆けてスタートさせたのが、禁煙タクシーの導入だった。
郭は、歴史が浅く企業風土がまだ固まっていない大森交通から導入を開始することに決めた。ただし、この禁煙タクシー導入の当初の目的は、一般に受け取られていることとはずいぶん大きなズレがある。

「私はタクシー業界に関してまったくの素人なので、最初は乗客の立場から考えるしかなかったのですが、乗客はドライバーに命を預けるわけですよね。ドライバーの責任はそれほど重いのに、そのわりには、自分の健康に気を遣っていないドライバーが多過ぎると思ったのです」

つまり、禁煙タクシーは「乗客にタバコを吸わせないタクシー」ではなく、そもそもはドライバーの健康増進のため、「ドライバーに禁煙させるためのタクシー」だったわけだ。

そのことが、ひいてはタバコを吸わない乗客に対するサービスにもつながっていくのだが、第一目標が「ドライバーの健康増進」だったということは、ほとんど知られていない。そして禁煙タクシーの導入が、タクシー会社の経営を一度もやったことのない、いや、会社の経営自体とまったく無縁だった、ひとりの女性の発案によるものだったこともほとんど知られていないことである。

ともあれ、禁煙タクシーを定着させるためには、なんといってもドライバーたちに納得してもらう必要があった。そこで郭は、月二回の明番集会（朝礼）で一年間にわたって健康について話し続け、その後も三年間、明番集会への出席を続けた。

「ひとりひとりのドライバーにお給料の入った袋を手渡ししながら、『スポーツドリンクは意外に糖分が多いから、糖尿病の人は飲み過ぎてはいけませんよ』なんて話をして、健康に対する意識を高めてもらおうと思ったんです」

　大森交通（大田区）と三葉交通（墨田区）の明番集会が同じ日にあったので、郭は朝の六時半に大森交通の明番集会が終わるやいなや、自家用車に飛び乗って墨田区にある三葉交通に駆けつける日々を一年間送った。その結果、禁煙タクシーの意義は徐々にドライバーたちの間に浸透していった。客のためではなく、あくまでもドライバーのためなのだという郭の真意が、ドライバーたちの心に沁《し》みたのかもしれない。

　禁煙タクシーの評判は、少なくとも乗客には上々だった。

　世田谷区に住んでいる客が、わざわざ大田区にある大森交通の禁煙タクシーを呼んでくれたこともあった。共同通信が禁煙タクシーを取材して全国に配信したこともあって、郭は禁煙タクシーの創始者として全国から講演を依頼されるようになっていった。

　そして、二〇〇八年の一二月、ついに東京都のタクシーが全車全面禁煙となったのだが……。

「お客様へのサービスのためという理由で全車全面禁煙が実施されましたが、私は、それはおかしいと言っているんです。禁煙タクシーは、あくまでもドライバーの健康のためにあるんです」

　それにしても郭は、いったいどのようにドライバーたちに語りかけ、どのように溶け込んでいったのだろうか。タクシードライバーには、さまざまな経歴を持った人物がいる。一筋縄ではいかない人間が大勢いるのだ。

「それまでまったく接点のなかった人たちだったので、本当を言うと、最初はドライバーさんたちが怖かったんです。でも、私は素人なので、みなさんいろいろ教えてくださいというスタンスで会話を始めたら、私よりも年配の方が多いせいもあって、みなさんとても親切に話をしてくれるようになりました」

　溶け込むために、涙ぐましい努力もした。

　三信交通の会長室を廃止して会議室に変えたのも、そのひとつである。会長室に籠っているのではなく、階下に降りて、出庫する車、帰庫する車に可能な限り「行ってらっしゃい」「お帰りなさい」と声をかけるようにした。内勤の社員にも、その習慣をつけてもらうことを徹底した。社内の野球チームの試合があれば、休日返上で応援に駆けつけた。

それでもしばらくの間は、タクシー会社の社長としてやっていく自信が持てなかった。世田谷育ちの郭は、特に下町にある三葉交通のドライバーたちとなかなかなじむことができず、それが永らく悩みの種だった。

そんなある日のこと、会社の外で、三葉交通のあるドライバーにばったり出くわしたことがあった。どんな経歴の持ち主なのかよくは知らなかったが、親分肌で男気があり、三葉のドライバーたちの畏怖と尊敬の念をふたつながらに集めているという評判だけは聞いていた。いわば、ドライバーのボスのような存在だ。

郭は恐る恐る、

「私に社長が務まるかしら」

と彼に尋ねてみた。

すると、少々ドスの利いた声で、

「あなたなら絶対大丈夫。自信を持ってやりなさい」

と励まされた。どちらが社長だかわからないような話だが、郭はこの一言のお蔭で吹っ切れたという。

「最初は怖かったけれど、私はあまり人を嫌いにはならないんです。どんな世界も、先入観を持たずに飛び込んでしまうタイプなんですね」

自由学園で教え込まれた、「ひとりひとりの良さを見つけなさい」という言葉が体に染みついているのかもしれない。

「どんな出自やどんな職業の人でも、一対一で話をしてみれば、わからないってことはないと思うんです。もちろん中にはわかり合えない人もいるかもしれませんが、話してみなければ余計にわかりませんよね」

ボクサー

二〇〇六年に、郭はあるプロボクサーの青年と出会っている。通っていたスポーツジムで、ある人物に声をかけられたのがきっかけだった。その人物は、五反田にあるワタナベボクシングジムの関係者だった。

「郭さん、すごくいい選手がいるから、一度見に来てくれませんか」

「ごめんなさい。私、ボクシングはスポーツだと思っていないし、一度も面白いと思ったことがないんです」

「そう言わずに、とにかく一度ジムを見に来てくださいよ」

熱心に口説かれて、仕方なしにワタナベジムを訪ねてみた郭は、ジムの雰囲気に圧倒されてしまった。

「なにしろ暑くて、男臭いっていうのかしら、臭いがすさまじいんです。夏の暑い日だったから余計だったのかもしれませんけれど、一時間ぐらい練習を見たら気持ち悪くなってしまいました」

引き合わされたのは、内山高志という青年だった。

「練習を見て少し話をしただけでしたが、真面目な選手であることはよくわかりました。でも、地味だし、特にオーラも感じませんでしたね。天才肌ではなく、努力家タイプに見えました」

短い会話だけでは判断できないからと、二日後、トレーナーを含めて三人で会うことにした。郭がそう言ったわけではないが、おそらくこの時点で郭の心は決まっていたのだろう。逆境、真面目、努力といった言葉に郭はすこぶる弱いのだ。

郭は単刀直入に内山に尋ねた。

「私にどうしてほしいの？」

「練習に専念できるよう、ご支援をいただきたいです」

「じゃあ、そうしましょう。その代わり、あなたがやってきたことをしっかりと下の世代に伝えてほしい。次の世代に、スポーツが大好きな選手を育ててほしいんです。それができるなら、お礼はいりません」

内山は頷《うなず》いた。スポンサー契約の成立である。三信交通、三葉交通、大森交通という三つのタクシー会社から支援を受けられることになった内山は、そこから信じられない活躍を見せることになる。

二〇〇七年に太平洋王座に挑戦して、八回TKO勝ちで王座を奪取。同タイトルで五回の防衛を果たした後、二〇一〇年、WBA世界スーパーフェザー級王者・ファン・カルロス・サルガドに挑み、最終ラウンドでTKO勝ちしている。プロに転向して無敗のまま、世界チャンピオンの座を手に入れてしまったのだ。その後、二〇一三年五月までに、七回の防衛に成功している。

郭はその後も、内山と同じワタナベプロの柴田明雄（東洋太平洋スーパーウエルター級、ミドル級王座、日本スーパーウエルター級、ミドル級王座獲得）や、キックボクシングの日本ウエルター級王者・緑川創、そしてバスケットボーラーの齋藤洋介（信州 Brave Warriors 所属）と、次々にスポンサー契約を結んでいく。

息子たちからは「おかんの道楽」と揶揄《やゆ》されているが、郭には、彼らの活躍がドライバーの誇りになっているという確信がある。試合の前には必ず会社で挨拶をさせ、試合の結果も報告させている。

「内山君は伸びましたね。内山君のお蔭でボクシングというスポーツが、テニスと同じように究極の駆け引きであることを知りました。ボクシングはいまでもそんなに好きではありませんけれど、試合はリングサイドで見ます。試合が終わると、トレーナーさんが私を呼んでくれてリングに上げてくれるんです」

三信交通、大森交通、三葉交通の三社のロゴが入ったトランクスを穿《は》いた内山と、リングサイドで声援を送り続けたせいか幾分頬を上気させた郭が、リングの上で並んで立っている写真を見せてもらった。大学教授の娘であり、高名な医師の妻であり、三児の母である郭が、血まみれの殴り合いを終えたばかりのプロボクサーと同じリングに立っている姿は、なんとも不思議である。軽井沢のテニス三昧の日々からは想像のできない別世界に、いま郭はいる。

「自分の人生を振り返ってみると、主人の父に大変なチャンスを貰《もら》ったなと思います。タクシー会社の社長になってから、いろいろなジャンルの人と話すチャンスが増えて、こんなに楽しいことはないと思っているのです」

いろいろなジャンルとは、ボクシング関係の人脈だけを指すわけではない。タクシードライバーには、それこそ種々雑多な職業を経てきた人物、さまざまな過去を持った人物がいる。そんなドライバーたちの健康に心を砕き、スポーツ選手に支援の手を差し伸べる郭は、会社の経営者というよりも、まるで慈善事業の主宰者のようである。

ところが、「慈善」という言葉を私が使った瞬間、郭の顔色がさっと変わってしまった。

「私には、慈善的な気持ちは一切ないんです。私は自分で創業したわけでなく、義父からドライバーさんごと会社を託されたので、会社を潰すわけにはいかないし、乗務員さんに不幸になってもらうわけにはいかないと思っているだけなんです。それに夫の収入があるからこそ心に余裕を持てているのだということも、自覚しているつもりです。

タクシー業界は、一種のセーフティーネットのように、行き場のない人たちの受け皿になっている面があるのはたしかです。だから、若い人があまり入ってこない業界なんです。それは決していいことだと思っていませんが、でもその一方で、一〇〇％アウトっていう人生はないと思うんです。世の中、本人にはどうしようもないことってあるでしょう。私は、本人にどうしようもないことで差別をする人が大嫌いなんです。そして、本人にどうしようもないことには、救いがあるべきだと思っているんです」

国籍や生まれ落ちた環境や、持って生まれた性格、身体は、本人にはどうしようもないものだ。郭が不条理を見過ごすことができず、差別を憎まずにはおれない人間であることもまた、どうしようもないことなのだろう。

ぱっと閃《ひらめ》いたというような表情を浮かべて、郭が言った。

「ドライバーさんの中には、昔、屋台で焼きそばを焼いていた方なんかもいてね、だから三信交通のお花見はすごいんです。毎年、多摩川の河原でやるのですが、通りがかりの人が焼きそばを買いに来てしまうぐらい本格的なんですよ」

救いとは、こうした光景を指す言葉なのかもしれない。

愚か者

「あの、本当に私、なんの取り柄もない愚か者なんで」

巨軀《きよく》を縮込めるようにしながら、工藤寿信が会議室に入ってきた。昭和四九年生まれの三九歳である。

チェッカーグループの一員である三信交通は、タクシーの車内に「エコーカード」を常備している。これはタクシー会社に乗客の声を届けるための葉書きであり、クレームにせよ、要望にせよ、感謝の言葉にせよ、客がなにかを記入して投函すれば切手を貼らなくても会社に郵送される仕組みになっている。工藤には感謝のエコーカードがよく届くのでぜひ取材をしてほしいと、郭から頼まれた経緯がある。

吃音《きつおん》ではないが、工藤は大きな体に似合わない小さな声で、相手の反応を確かめるように、一言一言とぎれとぎれに話す。体はがっしりしているのに、どこか怯《おび》えた小動物のような印象がある。

「あの、私、大人しい人間でして……」

工藤は自分が取材対象として取るに足らない人間であると思い込んで、恐縮している。しかし、失礼ながらあまり取り柄のなさそうな、そしておよそ女性にモテなさそうな中年にさしかかったひとりの男が、いったいなにをよすがとして生きているのか、私は工藤を目の前にして、いささか意地の悪い興味が湧き上がってくるのを押さえることができなくなってしまった。

工藤は神奈川県の大和市に生まれている。

父親は鉄骨の加工から組み立てまでを一貫して請け負う鉄鋼会社を経営しており、

Mグレードといって小規模なビルやマンションの鉄骨を施工する技術を持っていた。景気のいいときには社員を一五人も使っていたというから、そこそこ羽振りのいい生活をしていたはずである。

一家は、工藤が小学校一年生のとき、隣接する横浜市戸塚区（現在の泉区）に引っ越すことになった。引っ越しといっても歩いて数分のところへの移動に過ぎなかったのだが、工藤にとって不幸だったのは、そのわずかな移動によって小学校の学区が変わってしまったことである。入学したばかりの大和市の小学校から、横浜市の小学校への転校を余儀なくされてしまった。

転校先の小学校で、工藤はひどいいじめに遭う。

「いまだったら、フリースクールというか、逃げ場というか、登校拒否の受け入れ先があるじゃないですか。当時、もしもそういうところがあったら、行きたかったです」

転校生は、往々にしていじめの対象になりやすい。工藤は言葉によるからかいだけでなく、徐々に殴る蹴るの暴行まで受けるようになり、しかも、学年が上がるにつれていじめの内容はどんどんエスカレートしていった。

「一番ひどかったのは、後頭部にサボテンを押し付けられたというか、サボテンの針で刺されたことです。もう、学校には行きたくなかったです」

父親は、やられたらやり返せと言った。

「もちろん、やられるのは悔しかったですけれど、自分に対して自信がなかったんで、反撃しなかったというか、自分を抑えてしまったので、そこにまた付け込まれて、余計にやられてしまったんですね」

勉強はあまりできなかった。特に国語と理科が苦手で、理科のテストでは〝完封〟負けを喫したこともあった。完封という言い方は初耳だったが、要するに、零点のことである。

工藤が唯一得意だったのは、ソロバンだ。県珠連の大会で三位に入賞して、銅賞のトロフィーをもらったことがあった。ただし、暗算や筆算は好きだったものの、図形の問題が不得意だったので、学校の算数の成績は芳しくなかった。

転校先の横浜の小学校には、ついぞ慣れることができなかった。勉強でもスポーツでも、あるいは音楽や図工といった科目でも、脚光を浴びたことは一度もなかった。学校で賞状を貰ったことも、女の子にモテたこともちろんない。

「グレはしませんでしたけれど、親に残酷なことを言ってしまったことが、一度だけありました。元の小学校に通いたかったって……」

この程度で残酷だとは思わないが、工藤はこんな一言を悔やみ続けるほど心優しい子供だったということだろう。

中学に進学しても、さして状況は変わらなかった。

公立の中学校には、同じ小学校からの持ち上り組がたくさんいる。暴言を吐かれ、殴る蹴るの暴行を受けるのは相変わらずだった。クラブ活動は、一応柔道部に入ってはみたものの、二年生のときに辞めてしまった。

「もともと入りたい部活がなくて、半強制的に柔道部に入れられたのですが、弱かったし、面白くなかったし、なじめませんでした。柔道部を辞めてからはずっと帰宅部で、パッとしたことはありませんでした」

結局工藤は、小学校二年生から中学三年まで、学校になじむということがまったくできなかった。鬱々といじめに悩む日々を、通算八年間も送ったことになる。同級生に自慢できることもなく、脚光を浴びることもなく、毎日毎日重苦しい気持ちを抱えて、それでもなんとか学校に通い続けた。

横浜高校応援指導部

高校は、野球で有名な横浜高校に進学した。

私の時代は愛甲猛が有名だったが、最近では大リーグに行った松坂大輔だろうか。横浜高校野球部は、東海大学付属相模高校やY校（横浜市立横浜商業）、法政大学第二高校などの強豪校が犇《ひし》めく神奈川県にあって、春のセンバツ一四回、夏の甲子園一四回出場という輝かしい実績を誇る甲子園の常連校である。

もちろん、横浜高校に進学したからといって野球部に入部したわけではない。だが、ここまでの話の流れからはちょっと想像のつかない、大胆な行動に出たのはたしかである。

「実は私、応援指導部に入ったのです。あの、高校野球のアルプススタンドでやるやつです。男子校の応援団ですから、正直、入りたくはなかったのですが、同じクラスの隣の席になった人に誘われて、そのままずるずると入ってしまいました。もちろん、高校では中途半端でなく、なにかをやり遂げたいという気持ちはあったのですが……」

入りたくはなかったと言いながら、工藤の顔付きは、いかにも「語れることがある」という雰囲気になってきた。

「一回だけ、高三の春のセンバツ（一九九二年の第六四回大会）で甲子園に行きました。忘れもしません、徳島県立新野《あらたの》高校に、逆転負けしてしまったのです。正直、応援指導部は、厳しい世界でした」

工藤によれば、当時の横浜高校応援指導部は法政大学の応援団と縁が深く、応援の振り付けも法政の振り付けを真似ていたそうである。工藤は、法政大学だけでなく東京六大学の応援団から学ぶために、神宮球場に野球の応援を見に行ったり、日比谷公会堂で行われる六大学の応援団のイベント「六旗の下に」なども見学に行ったりしたというから、かなり熱心なクラブだったのだろう。

「もう、チアリーダーばっかり、いいなあって指をくわえて眺めていました」

一番きつかったのは、夏の合宿だ。

野球部が県大会で敗退して夏の甲子園に出場できないと、応援指導部のせいでもないのに、千葉県の岩井海岸で六泊七日の地獄の特訓が行われる習わしだった。工藤が在校した時代の野球部は春のセンバツに一回出場しただけだから、工藤は夏の合宿をみっちり三回経験したことになる。

夏の合宿では、早朝からのランニング、腕立て伏せ、腹筋といった基礎体力づくりに始まって、応援歌の振り付けや、大太鼓を叩きながら大声で校歌を歌う練習を、一日中延々と続けなければならなかった。

「太鼓を何時間も叩いていると、親指と人差し指の皮が、撥《ばち》と擦れてめくれてしまいます。そうなると痛くて叩けないので、最後は、テーピングで指を撥に縛りつけて、太鼓を叩き続けました」

応援指導部と聞くと、いかにも先輩によるしごき、しかも不条理なしごきが日常茶飯事に行われているイメージがある。小学校二年生から不条理ないじめに悩まされ続けてきた工藤は、自ら進んで、再び不条理な世界に飛び込んでしまったのだろうか。

「あの、たしかに先輩の言うことには、絶対服従ということはありましたが、それはいじめではなかったです。上下関係は厳しかったですが、応援指導部にいじめはなかったです」

ひどいいじめに遭い続けてきた工藤には、いじめとしごきの境界線がはっきりと見えたのかもしれない。

一年生の夏の合宿を乗り越えたとき、工藤は応援指導部のバッヂを授与されている。襟章の他にもうひとつバッヂをつけることを許されるのは、応援指導部だけだ。ただし、卒業までに脱落してしまった場合は、バッヂを返還しなくてはならないという掟があった。

「応援指導部は、縁の下の力持ちというか、学校の要というか、そういう存在だったので、指導部のバッヂをつけていると、学校の中で一目置かれます。野球部の先輩にもかわいがってもらったりしました。小学校中学校がパッとしなかったんで、応援指導部は中途半端でなく、最後までやろうと思いました」

工藤は厳しい練習に耐え抜いて、応援指導部員としての高校生活をまっとうした。そして、バッヂを自分の所有物にすることを許された。勉強のできは相変わらずだったが、横浜高校の応援指導部員だったことは、いまでも工藤の誇りである。

ちなみに、工藤と一緒に入部した一年生は一三人。卒業まで続けたのは七人である。

「あの、『神奈川グラフ』という、神奈川新聞社が発行する高校野球のグラフ誌があるんですが、そこに、たまたま私がジャンピングして拳を突き出しているのを下から撮った、いかにも応援をやっている感じの写真が載っているんです。そういうのを見ると、やっぱり、最後までやってよかったなと思います」

ツナギ

ところが、高校を卒業した工藤の人生は、再びパッとしないモードに逆戻りしてしまう。

父親の鉄工所で設計の仕事を担当し、いずれは会社を継ぎたいと考えていた工藤は、四つの大学の建築学科を受験するが、すべてに不合格。しかも、浪人をすることもなく大学進学を諦めてしまった。なぜか。

「なぜって……。まったく無名の大学にも落ちてしまったんで、どうせもう一年やったって、ダメだろうなと思って」

仕方なく三年ほど父親の会社を手伝ったが、希望していた設計の仕事を担当する能力はもちろんない。社員から見れば、なんとなく手伝いに来ている「社長の息子さん」である。

工場で図面を引いてみたり、現場での施工を手伝ってみたりの中途半端な日々を送っていたが、三年目のある日、父親から引導を渡されてしまった。

「外に働きに出ろって言われたのです。親元で仕事をしていると、甘えが出るからという理由でした」

父親の英断だった。だが、就職した先が悪かった。

工藤を採用したのは、仕事がきついことで有名な大手の製パンメーカーだった。工藤はその製パンメーカーの工場で、洋菓子やカップケーキを製造するラインに配属されることになったのである。噂《うわさ》に違わず、仕事はきつかった。

「いちばんきつい勤務を、ツナギと呼んでいました。繁忙期になると、昼勤一三時間、夜勤一三時間の二交替制で、二四時間のフル操業になります。昼勤と夜勤が一時間ダブって働くことによって、ラインが途切れないように仕事をつなぐのです。だから、ツナギというんです。一応、週休二日でしたけれど、夜勤明けも公休に含まれてしまうので、休みといっても、ただ家に帰って寝るだけでした」

残業も多かった。工程を管理している班長が、従業員のスケジュールを無視して注文を受けてしまうからだ。

「ある工場が、フル操業しても生産が追い付かなくなると、他の工場にSOSを出すわけです。班長は、たとえ定時の直前でも、他の工場の生産を引き受けてしまうので、一日の工程表がどんどん変わってしまうんです。遊びの予定も入れられないし、もう、毎日が修羅場みたいでした」

工藤はそれでも二年間、そのパン工場で働いた。材料の計量なら計量、生地の仕込みなら仕込みと、同じ作業を一三時間ぶっ通しでやる。仮に担当する作業が早く終わっても、それで解放されるわけではなく、別の工程の応援に行かされる。同僚との会話もなく、休日はひたすら眠るだけ。仕事も職場も、楽しいと思ったことは一度もなかった。

工藤は製パンメーカーを辞めると、再び父親の会社に舞い戻って、今度は一〇年の長きにわたって父親の手伝いをして暮らした。

ところが、頼みの綱の父親の会社が、傾いてしまった。

従来、ビルやマンションなどの建設には、鉄骨を使うのが当たり前だった。ところが技術の進歩によって、鉄骨を使わない鉄筋コンクリート工法（RC工法）というものが幅を利かせるようになってきたのである。世界的に鋼材の価格が値上がりしてしまったことも、この流れに拍車をかけることになった。鉄骨の需要はじりじりと減少していき、父親は、近い将来廃業することを覚悟せざるを得なくなった。

工藤は仕方なく、再び外に働きに出ることにした。

今度の職場は、郵便局である。製パンメーカーのときのように正社員採用ではなくアルバイト採用の配達要員だったが、最初の一年間、工藤はとにかく真面目に働いた。真面目にやっていれば、正職員としての採用もあり得るという触れ込みだったからだ。

ところが、まったく予期しない出来事が工藤の運命を変えてしまった。小泉内閣による郵政の民営化である。

「民営化の直後、支店長が、コスト削減のために、六〇人近くいた内勤の仕分けの人を、全員クビにすると発表したのです」

この発表は、工藤にとって大変なショックだった。

「内勤の仕分けの人」とは、郵便物の組み立てをする要員のことである。郵便を配達している人の黒い大きなカバンの中を覗《のぞ》いてみると、郵便物が輪ゴムで束ねてあることに気づくが、あの束をつくり上げるのが「内勤の仕分けの人」の仕事だった。

郵便物を効率的に配達するためには、単に住所ごとに仕分けをするのではなく、配達ルートに即した分け方をする必要がある。それを「郵便物の組み立て」と呼ぶそうだが、ある程度は機械で組み立てることができても、どうしても手作業でしかできない部分が残ってしまう。その手作業を「内勤の仕分けの人」が担っていた。

「支店長は、内勤の仕分けの人を全員クビにして、私たち配達に、その仕事をやれと命じたのです。しかも、私は真面目に働いていたし、成績もよかったのに、二年目に入ったら時給を引き下げられてしまいました。どう考えても、正社員になれる可能性はなくなってしまいました」

郵政の民営化は、こんな形でひとりの人間の人生に影響を与えていたのである。

バッヂ

郵便局のバイトに見切りをつけた工藤は、三信交通の面接を受けることにした。

工藤の暮らす神奈川県内にもタクシー会社はたくさんあるが、東京のタクシー会社に比べるとどうしても営収が少ない。東京のタクシー会社の中で神奈川県に最も近いのが、大田区にある三信交通だった。通勤に都合がいい。

「やっぱり、怖かったです。タクシー強盗なんてのも聞いたことがあるし、乗務員自体にも、マナーの悪い人がいると思っていたので。でも、食べていかなくてはならなかったんで」

高卒で父親の会社を手伝い始めて、気がつけば三五歳になっていた。定職もなければ、結婚もしていない。普通に就職していれば、そろそろ中堅と呼ばれる年齢である。

面接官は、当時の所長だった。いきなり、所長の方からこう切り出してきた。

「もしも他の道があるなら、できればこの業界には入らない方がいいですよ」

なぜ、所長がそう言ったのか理由はよくわからない。しかし、職安でいくつかの会社を紹介してもらったが、すべて不合格だった。

工藤にはもう、他に行くところがなかった。

「覚悟はありますか」

所長が言った。

「はい、あります」

即答すると、その場で採用が決まった。

マイナスのイメージを抱えたまま、工藤はタクシーの世界に飛び込んだ。しかし、実際に働き始めてみると、そこは意外に居心地がいい世界だった。歩合制だから、働けば働いただけ自分に返ってくるものが増える。一度車に乗ってしまえば、面倒な人間関係もない。タクシードライバーは半ば個人事業主であり、半ば一国一城の主なのである。もちろん、いじめもない。

工藤にとって一番意外だったのが、ドライバー同士の関係だ。

「電車が事故で止まったから、あの駅に行くとお客さんがいるよとか、今日はどこそこで大きなイベントがあるから行ってみなとか、先輩乗務員さんたちが、そういう情報を教えてくれるんです。正直、そういうの、いままでに一度もなかったんで、ああ、この会社に来て本当によかったなと思いました」

　乗客の感謝の言葉が綴《つづ》られたエコーカードも、月に一、二枚、多いときには三、四枚も届くことがある。

　工藤がこれまでに乗せた客で一番印象深かったのは、ある老夫婦だ。東京駅から日比谷の帝国ホテルまでという短距離だったが、夫の方の足が悪く、乗車が思うに任せない。工藤が「あわてなくていいですよ」と一言声をかけると、老夫婦は「足が悪いのにせかされないなんて、本当にありがたいことです」と、しみじみ礼を言ってくれたという。

　新聞の投稿欄にでも載っていそうな、月並みな〝いい話〟だと言ってしまえばそれまでだが、工藤は訥弁《とつべん》でこう続ける。

「私だってお金は欲しいし、たくさん貰えるにこしたことはないですが、この会社にいると、周りの人から精神的に追い詰められることがなくて、安心っていうか、不安がないんです。お客様にかける言葉も、せいぜい『エアコン寒くないですか』くらいなんですが、それでも喜んでくださる人がいるんです。そういう仲間とか、そういうお客様の言葉とか、それってお金にはかえられない財産かなって思います。いままでの仕事には、そういうの、なかったんで」

しかし、よくよく聞いてみれば、ドライバー同士の間にそれほど濃密なつながりがあるわけではない。客待ちの間に携帯電話で情報交換をしたり、深夜に帰庫した後、二言三言冗談を交わしたりする程度のことらしい。もちろん乗客との関係も、その場限りのものがほとんどだ。それでも、ドライバー同士のわずかなやり取りや、客の短い感謝の言葉が嬉しいと工藤は言うのである。裏返して考えれば、工藤はそれほど酷薄な人間関係の中で生きてきたということだろうか。

郭は、「タクシーの仕事はマニュアルではなく、心でやる仕事なのです」と言ったが、私には、工藤のような人間のことが本当には理解できないのかもしれない。

最後に、残忍で傲慢な聞き方だとは思ったが……。

「工藤さん、生きていてなにが楽しいですか」

「自分が喜んでいると、それがお客様にも伝わって、お客様も喜んでくださるのかななんて。自己満足かもしれませんけれど、人間は人に喜んでもらうために、生きているのかななんて思います」

「工藤さんの宝物ってなんですか」

「バッヂです。逆境でも、もがいているときでも、やっぱり、バッヂがあるんで」

阿弥陀経の中に「雑色雑光」という言葉が出てくる。さまざまな色が、さまざまな色のまま、それぞれに光り輝く様を指す言葉だという。

第九話　偶然

偶然の一致、偶然の再会、偶然の重複……。

人間が「偶然」を感じるパターンは、ほぼこの三つに限られるのではないだろうか。そして偶然に出くわしたとき、人はそこになにか不思議な力が働いているように感じる。

私の知人に、とてつもない偶然に出くわした男がいる。

その男は三重県の出身者で、東京の大学に進学して豊島区で下宿生活を送っていた。ある日、大学の講義に出席するために大塚駅から山手線に乗り込み、たまたま空いていた席に腰を降ろすと、突然、隣の席に座っていた男から声をかけられた。

「○○君じゃない?」

驚いて声の主の方を振り向くと、そこには三重県の高校時代の同級生が座っていた。彼もまた、東京の別の大学に進学して、東京で下宿生活を送っていたのだ。

わずか数駅の短い時間だったが、ふたりはしばし母校の同級生たちの話題に花を咲かせて、そのまま別れた。

これだけでも相当な偶然だが、この話には続きがある。

私の知人は翌日も所用があって山手線に乗り込み、たまたま空いていた席に腰を降ろした。

「○○君……」

隣の席の男がこちらを見て、そして、絶句している。昨日偶然隣り合った、高校の同級生だった。

山手線の中で二日続けて、しかも異なる時間帯に高校時代の同級生と隣り合わせに座る確率をいったいどう計算すればいいのかわからないが、それが滅多に起こり得ないのは間違いないことだろう。

偶然とはおそらく、この知人の話のように滅多に起こりそうにないことであり、しかもその生起を人間の力で制御できないことと定義できるかもしれない。

ちなみに、気の利いた語釈で有名な『新明解国語辞典』（第四版　三省堂）によると、偶然とは以下のようなものである。

【偶然】　そうなるべき理由が無いのに、思いがけなく起こること。

なるほど、明解である。まさに私の知人の例は、この語釈に該当するだろう。知人と高校時代の友人は待ち合わせをしていたわけでもないし、毎日同じ時間帯の山手線に乗っていたわけでもないから、「そうなるべき理由が無い」。にもかかわらず、まったく「思いがけなく」二日も続けて山手線で隣同士に座っている。

では、偶然をコントロールすることは、できないのだろうか。あるいは、コントロールされた瞬間に、それは偶然ではなくなるのだろうか。

植島啓司という人が書いた『偶然のチカラ』（集英社新書）という本で、「モンティ・ホール問題」という、偶然の確率に関する興味深い事例が紹介されている。

モンティ・ホールは、アメリカのクイズ番組の司会者の名前である。モンティが司会を務める〝Let's make a deal〟という番組で、次のようなクイズが行われていた。


「回答者は三つのドアのうちのひとつを選ぶ。その背後のどれかには当たりの車が隠されている。あなたがもしAのドアを選択したとする。番組の司会者は、どこに正解の車が隠されているか知っていて、不正解のCのドアを開ける。そして、あなたに『このままAのドアでいいですか、それとも、Bのドアに変えますか』と聞く」（『偶然のチカラ』より）

一般的な直感としては、AのドアもBのドアも賞品である車が隠されている確率は同じ三分の一であり、最初に選んだAのドアのままにしようと、Bのドアに変更しようと、車が当たる確率は変わらないような気がする。

ところが、人類史上最も高いIQを持つとギネスブックが認定したアメリカのコラムニスト、マリリン・ボス・サヴァントが、『パレード』という雑誌のコラム「マリリンにおまかせ」の中でこのクイズに言及して、「Bのドアに変えた方が、車が当たる確率は高くなる」と書いたために、高名な数学者までを巻き込んだ大論争が起こった。これが、モンティ・ホール問題の概略である。

マリリンは最初の選択のままにした場合の確率、つまりAのドアのままで車が当たる確率が三分の一であるのに対して、Bのドアに変更した場合の確率は三分の二、つまり変更前の二倍にもなるとコラムに書いたのだが、この論争に首を突っ込んだ人の九割までが「確率は変わらない」と、マリリンとは異なる主張をした。

事態は、高名な数学者がマリリンに誤りを認めるよう勧告するまでにエスカレートしたが、ある人物がコンピュータを使って実際にこのクイズの試行を一万回やってみたところ、マリリンが言った通りの結果が出たため、あっさりと終止符が打たれることになった。つまり、「選択を変更してBのドアを選んだ方が、当たる確率は二倍も高くなる」という一般的な直感に反する答えこそ、正解だったのである。

この論争、数学的に言うと「ベイズの定理の事後確率」にまつわる問題なのだそうだが、正直なところ、解説を読んでも文系人間にはよく理解できない。もともと三分の一ずつだった各ドアの確率が、司会者がCのドアを開けたことによって変動するということ自体、おかしいように思えてならない。しかし、真実は「確率は高くなる」というマリリンの言葉の方にあったのだ。

そして、タクシードライバーの仕事も、一見、コントロール不能に思える「偶然が生起する確率」を高めることによって、営業収入が大きく変わる仕事なのである。

玄人

日本交通三鷹営業所の班長・程島悟（四八歳）には、玄人という言葉がよく似合う。

表情をあまり動かさず、静かな淡々とした口調で話すのだが、会話の中に技、プロといった言葉が出てくると目付きが変わる。程島の中の〝玄人心〟が刺激されるらしい。

程島はかつて、友人ふたりと組んで、清里でペンションを経営していた。バブルが崩壊してペンションブームが下火になった後は、飲食業界でいくつかの会社を転々とした。飲食業界を選んだのは、高校時代から料理に興味があってプロ級の腕前を持っていたからだが、年齢が上がるに連れて現場で調理をする仕事から店舗のマネージメントをする方向へと、否応なしに仕事の内容が変わっていった。

最後に勤めた会社は、麦を素材として多面的な店舗展開をしている会社だった。うどん屋あり、イタリアンあり、スイーツあり。和食、中華、イタリアン、フレンチというふうに、料理の国籍による棲み分けが一般的な飲食業界にあって、麦というひとつの切り口で勝負をしているユニークな会社である。

程島はスイーツ部門の店舗のマネジメントを任されていたが、なかなか厳しい立場に置かれていた。

「すでに三〇代にさしかかっていましたが、ちょうど管理職と現場の境界にいるような感じでした。飲食業界は、店を回すためにアルバイトをたくさん雇います。管理職がアルバイトの管理をするわけですが、どうしてもアルバイトの手当てがつかないときは自らシフトに入らなくてはなりません。あっちの店の応援こっちの店の応援とアルバイトの穴埋めばかりやっていると、本当に家に帰ることができないのです」

程島はペンションの経営をやめた後すぐに結婚をしており、最後の会社に勤めた頃にはすでに三人の子供がいた。「子供は最低でも三人」が、妻のポリシーだったのだ。しかし、飲食業界に籍を置く限り、まともに家に帰ることは難しい。子育てに参加するどころか、子供の運動会を見に行くことすらできない。さりとて、三〇を過ぎてまったく別の業界に転職するのも難しかった。

「家族と過ごす時間を確保することを大前提に考えたら、タクシーしかありませんでした。タクシーなら明け番の時間を自由に使えるし、シフトも自分で組むことができます。運動会を見に行きたいと思ったら、その日に出番を入れなければいいのです」

程島はタクシードライバーに転身して、普通のサラリーマンの父親以上に家族と接する時間を多く取れるようになった。運動会や文化祭などの学校行事を見に行けるようになっただけでなく、ＰＴＡの役員にもなったし、自治体の青少年育成委員会の常任委員まで買って出るようになったのである。

程島の生活の中心は、家族になった。

それはそれで嬉しいことだったが、問題がなくはなかった。なんと、四人目の子供が生まれたのである。有り体に言って、子育てには金がかかる。三人でも大変だったというのに、三番目の子と五つも年の離れた男の子が生まれたのだ。

タクシーの仕事は、ほぼ完全な歩合制である。ドライバーの腕次第で、営業収入は増えも減りもする。とは言うものの、月間の出番は最多で一三出番。通常は一一出番である。しかも、一日の営業時間と休憩時間は法律で定められており、それを守っているかどうかは車に積まれた最新のタコメーターが厳密に記録している。法定違反の労働をして営収を増やそうにも、ごまかしは利かない仕組みになっている。

「がんばるしかないですよね」

こう程島は言うのだが、そこは玄人である。闇雲にがんばることはしない。

「昔から、タクシー業界では一回の実車で一万円を超えることを万収と呼んでいます。お客様には失礼かもしれませんが、『その万収、どこで積んだの』なんて言い方をします」

道端で手を挙げている客が初乗りで終わる客なのか、それとも万収なのか、あるいはその中間の客なのか。一般的な直感では、それは乗せてみるまでわからないはずである。つまり、万収に当たるのも当たらないのも、偶然である。しかし程島はその偶然の確率を高める術《すべ》を、いくつか持っている。

無線屋

「私が新人だった一〇年前は、無線がまだデジタル化されていなくて、無線屋と呼ばれる人たちがいました。新人の頃は、いくら無線客を取ろうとがんばっても、無線屋にみんな取られてしまう。こいつら本当にプロだなと感心したものです」

無線屋とは、無線でタクシーを呼ぶ客だけを乗せて一日の営業収入を立ててしまうドライバーのことである。アナログ無線による配車が一般的だった時代には、流しを一切せずに無線客だけを乗せるプロ中のプロが存在したのである。

無線屋の話になったとたん、程島の言葉は俄然、熱を帯びてきた。

「ベテランの無線屋は、月曜日の朝はこの人を乗せ、昼にはこの人を乗せ、夜にはこの人を乗せるというふうに、曜日と時間帯ごとに乗せる客を決めていて、その客をひとりの漏れもなく確実に積んでいくのです。無線客の中でもチケット客だけを専門に積む人もいて、そういうドライバーは出庫するとき釣り銭を持って出なかった。チケット客にお釣りは必要ありませんからね」

もしも、街中を無駄に流すことを一切せずに、しかも万収が多いチケット客だけを乗せることができれば、それは究極的に効率のいい営業スタイルである。しかし、いったいどうすればそんな離れ業が可能だったのだろうか。それを知るためには、アナログ無線による配車システムを理解する必要がある。

アナログ無線の時代は、タクシーを呼びたい客が配車センターに電話をかけてくると、配車センターのオペレーターが、客を迎えに行ってくれる車を無線で募っていた。

「赤坂から羽田空港。赤坂〇〇ビル前××様。どうぞ」

というように、なんという名前の客がどこからどこまで乗りたがっているかを、出庫している全車両に対して一斉放送していたのである。一定以上の年齢の人なら、雑音まじりのタクシー無線の会話を耳にした記憶があるだろう。

たまたま赤坂界隈《かいわい》を走っていたタクシーがこの放送を聞いて、数分以内に迎えに行くことが可能だと判断すれば、無線機の「了解」ボタンを押す。するとオペレーターが客に向かって、「△△番の車が五分で伺います」と返事をすることになる。

これだけを聞くと、そこに技や熟練の介在する余地などないように思える。無線客を取れるかどうかは、客が呼んでいる地点の近くを、たまたま走っていたかどうかにかかっている。まさに偶然である。

だが程島は、そうではないと言うのだ。

「信じられないことだと思いますが、ベテランの無線屋は、何曜日の何時に、東京都内のどの地点で、どんな人がタクシーを呼ぶかを完璧に頭に入れていたのです」

たとえば、ある中小企業の社長が田園調布に住んでいたとしよう。彼の会社は茨城県に工場を持っており、社長は毎週月曜日の朝八時半、工場の朝礼で訓話をしなければならない。朝礼に間に合わせるためには、朝の七時に田園調布の自宅を車で出発する必要がある。そこで社長の妻は、毎週月曜日の六時三〇分になると、必ずタクシー会社に電話をかけてくることになる。この社長を田園調布から茨城まで乗せることができれば、確実に万収である。

こうした上客の事情をたまたま知った無線屋は、どうするか。

毎週月曜日の六時半に、田園調布付近で待機するのである。そして、配車オペレーターが社長の妻からの依頼を無線で流した瞬間に、了解ボタンを押す。いや、正確に言うと、無線で流した瞬間ではない。

「無線が流れてきた瞬間ではなく、オペレーターが話し終えてマイクのスイッチを離した瞬間に了解ボタンを押さないと無線は取れないのです。ところが、オペレーターによってスイッチの離し方に癖がある。『どうぞ』と言ってからすぐにマイクのスイッチを離すオペレーターもいれば、かなり間を置いてからスイッチを離すオペレーターもいる。だから、無線客を確実に取ろうと思ったら、配車センターのオペレーター全員の癖を把握し、スピーカーから流れてくる声で今日はどのオペレーターかを判断する必要があったのです。交信が下手なドライバーは、無線屋にはなれませんでした」

無線屋たちは、何曜日の何時に東京のどこで無線客が現れるかを頭に入れ、それをもとに一週間のスケジュールを組み上げ、さらには配車センターのオペレーターの癖まで知り抜いて、確実に客を乗せていった。しかもこのスケジュールを、万収の多いタクシー券の客だけで埋め尽くし、釣り銭を持たずに出庫してしまう猛者まていたというのだから、こうなるともはや万収との出会いは、偶然とばかりは言えなくなる。

無線屋は、譬《たと》えは悪いがパチプロに似ていなくもない。開放台のローテーションやルーレットの出目の法則を研究し尽くして、確実に稼いでいくパチプロは、努力をするポイントが一般の人間とはズレている。無線屋も、ひたすらに走り回って客を探すような努力はしない。そして、どことなく危うい論理に人生を委ねて平然としていられる感性には、やはりどこか、ギャンブラーの匂いが漂う。

「私は無線と流しを半々でやっていたので、そこまで徹底したことはやりませんでしたが、優先配車は必ず取るようにしていました」

優先配車というのも、なかなか面白い仕組みである。

アナログ無線は、配車場所（客が呼んでいる場所）だけでなく、客の目的地も同時に伝えていた。ということは、その客がだいたい「いくらになる客か」が事前にわかってしまうということを意味した。みすみす初乗りで終わることがわかっている客を乗せたがるドライバーはいないから、これだけでは、乗車距離が短い客の場合、誰も了解ボタンを押さないことになりかねない。困るのは配車係だ。

そこで、たとえ短距離の客でもドライバーが了解ボタンを押したくなるように、インセンティブが用意されていたのである。それが、優先配車だ。優先配車とは、無線客を優先的に回してもらえる権利のことである。

「初乗りで終わることが見えている無線客のときは、了解ボタンを早押しせずに、優先がつくのをじっと待つのです。そして配車オペレーターが優先配車の権利をつけた瞬間、一斉に了解ボタンを押してその無線客を取りに行くわけです。優先配車の権利は有効期限が一週間あって、自分が使いたいと思ったときに使うことができたので、私の場合、早朝の出勤時間帯に優先配車を一本取っておいて、ロングが期待できる夜間に使っていました」

たとえば、確実に、しかも定期的に長い距離を乗る客を知っているとしよう。その客は決まって毎週木曜日の晩に銀座の某クラブで飲み、一〇時半になるとその店からタクシーを呼ぶ習慣がある。もしも、その客を乗せたいと思ったら、一〇時半に某クラブがかけてくる迎車の依頼を確実に取る必要がある。優先配車の権利は、そんなときに使う。

「そういう場合は、一〇時半になる直前に、『銀座・三原橋、優先待機に入ります』と配車係に伝えるわけです。そうすると、了解ボタンの早押し競争をしなくても、一〇時半前後に銀座付近から呼んでいる無線客を優先的に回してもらえるわけです」

つまり、優先配車の権利を持っていれば、ベテランの無線屋のように交信技術に長《た》けていなくても、自分が指定した時間帯に指定した場所から無線客を乗せる権利を使えたわけだ。

もちろん、同じ時刻に同じエリアからタクシーを呼ぶ客が複数いる可能性も当然あるし、あくまでもドライバーの側が客を指名できるわけではないから、いくら優先権を取ったからといって、狙った客を絶対確実に乗せられるとは限らない。

「あの人は、この時間帯にあそこからタクシーを呼ぶはずだという予測に基づいて優先配車を使うわけですが、その日に限って出てこないこともあるし、同じ場所で先に優先待機に入っているドライバーがいれば、そちらに取られてしまう可能性もあります。要するに優先配車によってできることは、特定のお客様を乗せる確率を上げることだけでした」

いささかもどかしい努力ではあるが、しかし、こうした努力をするかしないかで営業収入は大きく変わった。

「アナログ無線の時代には、自分が持っている引き出しを最大限に活かして、営収を上げていく面白さがありました」

だが、アナログ無線はやがてデジタル無線にとってかわられてしまう。

デジタル無線によるデジタル配車は、GPSを使った自動配車である。たとえば、配車場所が赤坂だとして、そこから一番近い距離を空車Aが走行していれば、無線は空車Aに自動的に〝落ちる〟。もしも、赤坂からまったくの等距離を三台の空車A、B、Cが走っていたら、どの車に無線を落とすかはコンピュータが自動的にシャッフルして決めてしまう。そこには、無線屋の技が活きる余地はまったくない。むろん、優先配車という〝おまけ〟も無線のデジタル化とともに消えてしまった。

いまでも、特定の客を狙って配車場所の近くで待機をするドライバーはいる。程島もたまにそれをやる。しかし、そのドライバーの車に無線が落ちるか別の車に落ちるかを左右するのは、いまやドライバーの知識や技ではなく、コンピュータという機械なのである。

「いまは、コンピュータによるガラガラポンですべてが決まるので、等距離にいれば誰に無線が落ちるかわかりません。もう七、八年前になりますが、無線が完全にデジタル化されたときに、無線屋は姿を消しました」

都内のどこで何時に万収が出現するかを知悉《ちしつ》し、配車センターのオペレーターの声を聞き分けて万収を次々と獲得していった無線屋の洗練は、すでに過去のものになってしまったのである。

流しと着け待ち

無線屋が絶滅したいま、残る流派は「流し」と「着け待ち」のふたつである。

だが程島によれば、着け待ちで高い営収を上げるのは難しいことだという。前にも触れたことだが、着け待ちの主流である駅着けの場合、期待できる距離は、最長でも隣の駅との中間地点まででしかない。

「A駅で乗るお客さんの目的地が、A駅とB駅の中間地点よりもB駅に近いということは、通常あり得ません。もし、目的地がA駅よりもB駅の方に近ければ、B駅まで電車で行ってB駅で降りてタクシーを拾うはずだからです。東京都内の場合、駅着けで一回一五〇〇円を超えることはまずないと思います」

もちろん駅着けにもプロはいて、同じ駅でも午前中は北口、午後は南口の方が回転が速く、曜日によっては隣駅の方が客数が多いといった情報をしっかり収集しているドライバーもいる。しかし、実車一回当たりの単価が低いことに変わりはないから、駅着け専門の場合、実車の回数を増やす以外に営収を上げる方法がない。

「私の知っている駅着けのプロには、一日に六〇回乗せるという人がいます。私自身は、タクシー業界に入ってから駅着けをやったことは一度もありません」

では、程島はなにで稼いでいるのかといえば、残る「流し」である。

「いま班長をやっているので、新人の三カ月の試用期間の教育を担当していますが、流しの技について三カ月間話し続けるだけのネタはありますね」

流しの最も基本的な技法は、前にも触れた「二番手以降を走る」方法だが、程島の場合はさらに手が込んでいる。

「個タクさんを二種類、つまりでんでんさんと提灯《ちょうちん》さん（いずれもルーフの上の行燈《あんどん》の形のこと）を先行させて、できればその後ろに中小さんを一台はさみ、その後を走るのがベストのポジションです。流しながら、うまくそのポジションを確保するのがプロの走り方です」

タクシー券の発行枚数は個人タクシーと大手四社（日本交通、国際自動車、大和自動車、帝都自動車）が最も多く、少ないながら中小も発行している。大手四社は単独のタクシー券以外にも、「四社券」と呼ばれる四社共通で使えるタクシー券を発行している。

いくら金持ちでも、自腹でタクシーに一万、二万払う人間は意外に少ない。流しで万収を狙おうと思ったら、タクシー券を持った客を確実に捕まえる以外にない。そのためには、この四番手のポジションで走るのが最も有効だと程島は言うわけだが、理屈はこうである。

まず、二種類の個人タクシーを先に行かせるのは、この二種類を客が見送ったとすれば、その客の属性を以下のように判定できるからだ。

・現金客ではなくタクシー券を持った客だが、個人タクシーのチケットは持っていない。

続いて、中小のタクシーも見送ったとなると、四社券か日本交通単独のタクシー券を持った客であり、しかも中小ではなく、四社券か日本交通単独のタクシー券を持っている可能性が高い。

ということになる。

つまり、四番手を走ることによって、乗車拒否をすることなく、客をスクリーニングにかけることができるのだ。

「お客様を選ぶことはできませんが、タクシー券を持ったお客様に選ばれる走りはできるわけです」

その結果、万収との邂逅《かいこう》の確率は飛躍的に高くなる。

左回りの原則

もうひとつ、程島が流しの基本として教えてくれたのは「左回りの原則」だ。

「なぜ左回りが基本かといえば、左折の場合はお客様との接点が二カ所になりますが、右折の場合、接点が一カ所になってしまうからです」

どういうことか。

タクシーを拾いたい客は、普通、大きな道に出てタクシーが通りかかるのを待つ。一方タクシーの方も客と出会う頻度を高めるために、タクシーを待つ客がいそうな大きな道に沿ってワンブロックずつ客をさらっていく。このときに、左回りで走っていれば——つまり左折を繰り返していけば——直進方向と左折方向の二辺で客を乗せることができるというのである。

右回り、つまり右折を繰返していたらどうなるかを考えてみればわかりやすい。ご存じのように、交叉点で右折をするときは、対面する左折車両を先に行かせるのがルールである。ということは、右折する方向（右斜め前方）で客が手を挙げているのが見えても、先に左折していくタクシーにその客を取られてしまう可能性が高い。つまり右折の場合は、直進方向の一辺でしか客を乗せられないケースが多いのである。

「基本は左折を繰り返しながらワンブロックずつ丁寧にさらっていくわけですが、ベテランになると、闇雲に左折を繰り返すのではなく左折する交叉点と左折しない交叉点を選ぶようになります」

たとえば、ある道を直進していて交叉点にさしかかったとしよう。そのまま交叉点を通り過ぎて直進すれば、すぐに東京駅や新宿駅のような大きなターミナル駅に突き当たる。一方、交叉点を左折すれば、その先には高速道路の入り口があるとする。さて、流しのベテランなら、この交叉点を曲がるだろうか、曲がらないだろうか。

「この場合、直進を続けてお乗せできるお客様は、すぐ近くの大きなターミナル駅までのお客様である可能性が高いですが、左折したところで待っているお客様は、高速道路を使って遠方まで行かれる可能性があるわけです。つまり、この場合は左折をするのが正解ということになります。反対に、進行方向に高速の入り口があり、左折方向にターミナル駅がある場合は、直進するのが正解になります。

流しで営収を上げるには、左折を基本にしながら、しかも直進方向にどんな施設があるか、左折したらどんな施設があるかを常に念頭に置きながら走る必要があるわけです」

逆に考えれば、進行方向に大きなターミナル駅などの人が大勢集まる施設の手前にある交叉点にさしかかったとき、交叉点の向こう側で手を挙げている客が見えたら、その交叉点を左折してしまえばいいとも言える。そうすれば、ターミナル駅までの短距離客を、乗車拒否することなく回避することができるというわけだ。

かように、流しのドライバーにとって「いかに左折するか」は、最も重要なノウハウのひとつなのである。

「常に頭をフル回転させながら走らないと、流しでは稼げないのです」

これ以外にも、大企業が主催する名刺交換会や経済団体のパーティーの情報を収集するなど、営収を上げるためにやるべきことはたくさんあるのだが、程島は基本的に、朝から夕方にかけて流しをやって、夜の八時を過ぎた頃から銀座でチケット客を狙うことにしている。

「銀座はタクシー券を持ったお客様の比率が高いので、万収を狙うならやはり夜の銀座ですね」

無線がデジタル化され、優先配車という仕組みもなくなったいま、程島にできることは万収の客が出てきそうなタイミングに、出てきそうな場所で待機しながら、無線が落ちるのをひたすら待つことだけである。それ以外に、なにか必殺技があるだろうか。

「必殺技というわけではありませんが、私、お客様の出で立ちを見た瞬間に、ロングかどうかをほぼ確実に見分けることができます」

銀座の場合、無線客を乗せられる場所は五カ所（13、14、15、17、18番乗り場）だけと決められている。無線客はそのいずれかの乗り場を指定してくる（多くの場合は、飲食店が代わりに電話をかけてきて乗り場を指定する）わけだが、意外なことに、バリッとした高級スーツを着込んだサラリーマンや、着流し姿の客が無線乗り場に現れるとがっくりくると程島は言う。なぜならそうした出で立ちの客、有り体に言って、いかにもお金持ちそうな客は、港区や品川区あたりの高級マンションに住んでいる場合が多く、現金客であるかチケット客であるかにかかわりなく、万収、いや万衆にはほど遠い存在である場合がほとんどだというのである。

では、どういう客が本物の上客かといえば、ヨレヨレのスーツを着て、いかにも疲労困憊した雰囲気を漂わせているサラリーマンだという。

「そういうヨレヨレのお客様は、ローンを組んで千葉や埼玉の郊外にやっとマイホームを建てたサラリーマンである可能性が高いのです。取引先の接待で疲れ果てて、会社から支給されたタクシー券を使って遠方にある自宅までお帰りになる。そういうお客様こそ、われわれにとって一番の上客なのです」

いかにも金持ち然とした客がドライバーをがっかりさせる存在であるとは、多少、溜飲の下がる話だが、ヨレヨレの同朋が上客だというのも、なんだかやるせない話ではある。

第一〇話　平成世間師

民俗学者の宮本常一が書いた『忘れられた日本人』（岩波文庫）という本の中に、「世間師」という言葉が出てくる。普通、世間師とは「世渡り上手なずるい人」の意味で使われるが、宮本の言う世間師は、共同体の外部に飛び出していって長い旅をしては、外部の情報や風物を共同体の内部に持ち帰ってくる存在であり、職業は大工であったり兵士であったりした。

宮本が日本全国の風物を調査して歩き回った昭和の初期には、どの村にも世間師に該当する人物がいたそうである。

「明治から大正、昭和の前半にいたる間、どの村にもこのような世間師が少からずいた。それが、村をあたらしくしていくためのささやかな方向づけをしたことはみのがせない。いずれも自ら進んでそういう役を買って出る。政府や学校が指導したものではなかった。」

（『忘れられた日本人』より）

以下に紹介するふたりのタクシードライバーは、宮本の世間師とはちょっと異なる存在だが、流浪の人生を送りながらさまざまなことを見聞し、それを多くの人

（乗客）に語って聞かせたという点では宮本の世間師と似ていなくもない。

彼らの存在が世の中を新しくすることに役立ったかどうかはわからないが、少なくとも客の無聊《ぶりよう》をなぐさめる役には立ったことだろう。彼らと世間師との決定的な違いは、彼らには土産話を持って帰る村がなかったことである。

出目金

個人タクシーを営んでいる竹内平吉は、昭和一二年、大東亜戦争が始まった年に、愛知県の豊橋市で生まれている。

実家は小規模な小作農だったが、父親は農業組合の組合長をやっていた。兄弟は全部で八人。そのうち四人が肺病（結核）で亡くなっている。竹内は八人兄弟の末っ子だった。

父親は竹内がまだ小さいうちに亡くなってしまったが、父親が話してくれたことでよく覚えているのがB29の空襲の話だ。農業組合の事務所の二階で事務をしていると、竹内の一番上の姉が勤労奉仕に行っていた豊川の海軍工廠《こうしよう》がB29の集中爆撃を受けるのが見えた。日本軍の高射砲はB29の飛行高度にまったく届かなかったが、米軍の爆撃精度が非常に高かったので工場の敷地の外には一発の爆弾も落ちなかったというのである。海軍工廠では相当数の人が亡くなったが、姉は奇跡的に無傷で家に帰ってきた。

小学校時代の竹内は魚取りばかりやっている少年で、読み書きが大嫌いだった。学科は図工と農業の時間だけが好きだった。農業の時間は毎週二時間あって、その時間は生徒がみんな田畑に出て近くの農家の農作業を手伝った。ところが悪童だった竹内は、登校前に魚のいそうな場所を下見しておいて、農業の時間はもっぱらかい掘りをやった。かい掘りとは、川や沼の一部分をせき止めて中の水をすべてバケツでかい出してしまい、中にいる魚を一網打尽にする方法だ。農業の時間内にかっきり収めるためには、作業量を正確に見積もって連れていく手下の人数を決める必要があった。そういう頭だけは、異様によく働いた。

かい掘りをやると、毎回、バケツに二、三杯の小魚が取れたが、よく教師に見つかって怒られた。

「こらっ、平吉、農業サボってどこ行ってた」

「別な農業やってました。先生、これ見て」

バケツの中の大量の魚を見せると、たいてい教師は「ほう」と感心して、それ以上、怒るのを忘れてしまった。

落語が好きな竹内は、きっとこんな調子で乗客に昔話を面白おかしく語って聞かせているのだろう。だが、姉のサエコの話のときだけは、声がくぐもった。

小学校時代、いつものようにいたずらをして職員室に呼び出されたとき、ある教師から「下地の竹内といったら、お前、サエコという姉がいただろう」と聞かれたことがあった。「うん、いたけど肺病で死んじゃった」と答えると、「お前のお姉さんは学校創立以来の秀才と言われたのに、お前はいったいなにをやってるんだ」と、怒られるというより、あきれられた。

サエコという姉はいつも奥の座敷にひとりだけ隔離されていて、母親から「サエコには絶対に近づいてはいけない」と厳しく言い渡されていた。兄弟みんなが野良に出たところを見計らって、竹内はこっそりサエコがいる奥の座敷に行って、なにか欲しいものはないかとよく尋ねてやった。

いつも「なにもいらないから近づくな」と叱られたが、あるとき、座敷で寝ているだけでは退屈だろうと思って、近所の家の池から出目金を盗んできて手水鉢《ちょうずばち》の中に放ってやったことがあった。ところがサエコに、「こんな魚が川や池にいるはずがない。どこかから盗んできたんだろう」と詰問されてしまった。姉が喜びそうなことはすべていいことだと思っていたので、ひどくショックだった。

サエコという名前がどんな字を書くのか、竹内はもう忘れてしまった。

赤サバ

竹内は昭和二二年に施行された新制中学の、五期生である。

中学時代は、日照りが続くとよくドジョウを取りに行った。ドジョウは日照りに強い魚で、しかも夏バテに効くビタミンAを豊富に含んでいる。竹内はあちらこちらの秘密の場所からドジョウを集めてきては、大きな木樽（漬物樽）に井戸水をはって生かしておいた。

多いときには六樽にもなったが、竹内はそうやって集めたドジョウを闇市に売りに行った。闇市に出すときは、最初、森永の粉ミルクの缶に一缶分だけを持っていった。日照りが続くと、ドジョウの値段が上がる。粉ミルクの缶に七分目ぐらいのドジョウが、一缶一〇〇円ほどで売れた。いまの貨幣価値に直せば、相当な値段である。

「おじさん、家にまんだあるんだけど、この値段でずっと買ってくれるの」

「おう、足りなくて困ってるんだから、同じ値段でいくらでも買ってやるよ」

闇の魚屋から言質を取ると、さっそく家にとって返して、木樽四杯分のドジョウをリヤカーに乗せて闇市に持ち込んだ。すると、魚屋が「坊主、やりやがったな」と怒る。「だって、相場を取ってから持ってくるのは当たり前のことだろう」と言い返すと、「最初からこれだけの量を持ってくりゃ、あんなに高くは買わなかった。お前、子供らしくねえな。計算ずくだろう」とすごまれた。

当時は、ドジョウ取りで生計を立てている大人が大勢いて、子供がドジョウを売りに行くと、「こっちは生活でやってるんだ。子供が遊びで売りに来るな」とやはりすごまれたが、ドジョウはいい金になった。

闇市の帰り、ドジョウ取りの仲間たちは、稼いだ金でズルチンやサッカリンという砂糖の代用品で甘味をつけたアイスキャンディーを買ったりしたが、早くに父親を亡くしていた竹内は、母親にいったん全額を見せるまで自分では絶対に遣わなかった。母親はそういう態度を大層ほめてくれた。

目の悪かった母親は、口癖のようによくこう言った。

「平吉、お前は勉強ができないんだから、骨身を惜しまずに働いて働いて働き通せ。体に注意して働き通せば、お天道様と米の飯はついて回る」

上の学校にやるだけの金はないけれど、この言葉さえ心に刻んでくれれば、後は一切なにをしろとは言わないと母親はつけ加えた。

竹内はいまだにこの言葉を覚えていて、一年三六五日、法定の休みを取る以外は一日も休まずに営業をしている。客を乗せて走っているときが一番楽しい憩いの時間だから、営業する以上の娯楽はないと真顔で言う。

中学を卒業すると、豊橋の魚屋に丁稚奉公に入った。

もともと魚は好きだったし、口が立ったので、丁稚としてはよく魚を売った。魚屋の親方には高校を卒業した四、五歳上の息子がいて、竹内と一緒に魚屋の手伝いをやっていた。

当時、天竜川の上流で佐久間ダムの建設が進められており（一九五三年着工）、竹内はその建設現場に魚を売り込みに行くことを思いついた。御用聞きに行ってみると、「土用の鰻を人数分持ってこい」と注文を受けた。作業員全員の分だから、中途半端な数ではない。しかも「丸で持ってくるな。ちゃんと串を打って持ってこい」という。

魚屋に戻って報告をすると、高校生の息子が「うちは魚屋だから、鰻は別商売だ。こんな注文受けてきやがって、いったいどうするつもりだ」と文句を言う。

「受けちゃったもん、仕方ないじゃないですか」

竹内はこう返答して、生きた鰻を一〇〇匹以上も買い付けてきて、片っ端から捌《さば》きにかかった。

あまりにも大量の鰻だったので、息子も見るに見かねて手伝ってくれたが、鰻を捌くには案外力がいる。力の入れ方を間違うと包丁がすべる。息子は何匹か捌いたところで指をざっくり切ってしまい、「こんな注文受けてくるからだ」と捨てぜりふを吐いて寝床に入ってしまった。

竹内は朝までかかって、すべての鰻に串を打った。それを見た親方が、「平吉は見どころがあるな」と褒めてくれた。昔、引き売りで魚を売って歩いていた苦労人の親方は、自分の息子も奉公人も分け隔てしない人だった。

竹内はこの親方から、商売のイロハを教わった。

魚屋ではアジ、サバ、イワシ、サンマが最もポピュラーな魚だが、そうした、万人が相場を知っている魚に大きな利益をかけると客が寄らない。そういう魚は、少しでもいいから近所の魚屋より安く売る。そうすれば、噂《うわさ》を聞いて客が大勢寄ってくる。じゃあ、いったいなにで儲けるのかといえば、客が「この魚なに」と珍しがるような魚で儲ける。それが、親方の商売のやり方だった。

あるとき、親方が赤サバ（ハチビキ）という珍しい魚を仕入れてきたことがあった。形はサバに似ているが色が真っ赤で、市場では普通のサバより安い値段で取引されている。

親方が言った、

「俺が二本売ってくるから、平吉は一本でいいから売ってみろ」

竹内は、赤サバというそのままの名前で、仕入れの二倍ほどの値段で売ってきた。一方の親方は、「鶴鯛」という勝手な名前をつけて仕入れの三〇倍近い値段で売ってきたという。商売のコツは、客が相場を知らないもので利益を上げることだと、実地に教えてくれたのである。

落語の「火焔《かえん》太鼓」の小僧ではないが、竹内は、仕事は一所懸命にやったけれど、少々生意気なところのある丁稚だった。モータリゼーションの隆盛を目の当たりにして自動車の時代がやってくることを予感すると、親方の目を盗んで自動車免許を取りに行った。

わずか六回ほど教習を受けただけで試験に受かってしまい、親方にダメもとで「オート三輪を買ってくださいよ」と言ってみると、どういうわけか「おお、買ってやる、買ってやる」とふたつ返事で了解してくれた。ただし、「荷台に目いっぱい魚を積んでやるから、それをどこかに売りに行って毎日からっぽにして帰ってこい」という条件がついた。

「いや、そんなことは私には無理です」

「お前のために車を買うわけじゃない。商売で使うんだから、利益を上げないでどうするんだ」

「たしかにおっしゃる通りですが、無理なものは無理なんで、親方には悪いけど私は魚屋を辞めて自動車の運転手になります」

「お前、それでいいのか、後悔しないのか」

「親方には後悔させません。後悔は自分でしますから安心してください」

生意気な口をきいて、魚屋を辞めてしまった。

片金のシノダ

魚屋を辞めた後、小さなパン屋で配送の仕事についた。ところが、三カ月もしないうちに社長から呼び出しを喰らった。

「竹内君はパン屋の仕事に向いていないようだね」

「やっぱり、まだ運転が下手なのでしょうか」

社長が言うには、取引先の小売店から苦情が来ているという。

「パンというものはイースト菌を入れてわざわざ膨らましているのに、君の運転が荒いから、パンがみんなトレイの前の方に寄って潰れてしまっているそうだ」

社長の小言を聞いて嫌になり、竹内はあっさりパン屋を辞めてしまった。再び履歴書を持ってあちらこちら歩き回ったが、なかなか就職先が見つからない。ある日、岐阜の大垣に生きのいい運送会社があると小耳にはさんだ。東海道線を大垣駅まで乗って駅前でタクシーを拾って聞いてみると、「それはうちの親会社に違いない」と運転手が言う。社名は西濃運輸。タクシーで乗りつけて採用係に履歴書を見せると、

「明日からでもいいから、トラック運転手の助手として採用してやる」

という返事を貰《もら》った。

西濃運輸はいまでこそ大企業だが、当時はまだ長距離用のトラックを一〇〇台も持っていなかった。トレーラーにいたっては二台のみである。道路の舗装もまだまだ進んでいなかったから、トラックは一日走ればドロまみれになってしまった。

竹内は車が好きだったこともあって、助手として乗っていたトラックをウィルソ

ンのワックスで毎日ぴかぴかに磨き上げるのを日課にした。当時のワックスはふき取りが大変だったが、外からは見えないフレームの内側までワックスをつけて磨いた。

相方の運転手は、以前広島でキャバレーの用心棒をやっていたというおっかない男だったが、竹内の熱心な仕事ぶりを見て、

「俺の助手が三カ月続いたのはお前が初めてだ。俺が太鼓判を押してやるから、今日からお前は運転手になれ。会社にも俺からそう言ってやる」

という運びになった。男の通り名は〝片金のシノダ〟。悪場所での遊びが過ぎて病気にかかってしまい、金玉を片方取ってしまったという噂だった。

西濃運輸という会社は、創業者の田口利八が、トラック一台、裸一貫から興した会社である。戦後、進駐軍からトラックの払い下げを受けて業容を拡大し、鉄道貨物しかなかった長距離輸送の世界に「長距離トラック輸送」という新しいジャンルを切り開いた。

竹内は片金のシノダの口添えのお蔭で、わずか一年ほどで助手を卒業して正運転手になることができた。そして、正運転手になって一年たった一九歳のとき、田口社長から直々に新車を与えられた。新車を貰うということは、運転手にとって最も

名誉なことのひとつである。

社長は竹内にトラックを渡す際、「あー、君だ君だ。噂は聞いてる。あー君だ君だ」と「君だ」を連発しながら、こんな訓話をつけ加えた。

「君に新車を渡すけれど、あくまでも優秀だということの証に渡すのだから、くれぐれも安全運転の手本になるようにしてほしい。水揚げも大事だけれど、事故を起こさないこと。そして特に君は車の手入れがいいのだから、車をよく磨いて、どこへ行っても、おお西濃運輸の車だと言われるように、光る車にしてやってくれ」

西濃運輸時代の一番の思い出は、伊勢湾台風（昭和三四年）である。

中部日本新聞社（当時）が音頭を取って、東京・御成門の日赤から七、八〇台のトラックを連ねて伊勢湾台風の被災地に救援物資を送ることになった。竹内はこのトラック救援隊に参加したが、他のドライバーがみな私服だったのに、たまたまクリーニングしたての西濃運輸の社服（制服）を着ていたので、中日新聞の社長と並んで握手をしているところを写真に撮られることになってしまった。

その写真が翌日の中日新聞の一面を飾ることになり、竹内は早速豊橋の母親に知らせた。目の悪い母親は「新聞の一面に載るなんて、お前はきっと罪を犯したに違いない」と言って譲らなかったそうである。

御成門を出発したトラック隊は、いったん名古屋のテレビ塔の下に集結してから、各被災地へと散っていった。竹内の担当は、三重県の四日市だった。台風が去ってから数日がたっていたが、国道一号線はまだタイヤが半分水没するほど冠水していた。

異様な光景を目にしたのは、愛知県の蟹江町近辺を通過するときである。一面水浸しの風景の中、そこかしこにパンパンに膨らんで針でつつけば破裂しそうな牛や馬の死骸が浮かんでいたが、なぜか、冠水した道路の上を金魚の大群が慌てふためくようにして泳ぎ回っていたのである。蟹江町付近は金魚の養殖が盛んな地域だった。

若い助手が、「竹内さん、あれなんですかね」と聞く。魚が好きな竹内には、金魚の群れがなにをしているのかがすぐにわかった。

「なんでこの道路が冠水してるか、わかるか」

「台風で海の水が堤防を越えて入ってきたからでしょう」

「そうだ。金魚は塩水じゃ苦しくて生きられないから、大方、真水を求めて泳ぎ回っているんだろう」

「なるほどそういうことですか」

「俺たちも、苦し紛れに西に東に走ってる。金魚と同じだ」

「そう言われりゃそうですね」

ダム工事の資材を運ぶため広島まで走ったことも、忘れ難い思い出だ。初めて原爆ドームを見て、その足で広島の山中に入っていったが、途中、かき氷屋があったので助手と一緒にかき氷を一杯食べることにした。

かき氷屋の女将に「原爆のときはどうだったの」と水を向けてみると、東京から来た運転手への土産話のつもりか、女将が当時の体験を生々しく語り始めたのである。

それは、いわゆる「原爆の語り部」と呼ばれる人たちの話とは、ずいぶんと趣の違う話だった。「水をください」と言う被爆者に水を飲ませるとすぐに死んでしまうから、心を鬼にして水を飲ませなかったという話は何度も聞いたが、皮膚が焼け爛《ただ》れてあまりにも可哀想なので、実際は、早く死なせてやるために水を飲ませてしまう人が多かったと女将は言った。瞼《まぶた》の裏側に凄惨《せいさん》な映像が浮かび上がってきて、竹内はすっかり背筋が寒くなってしまった。

その後、日野自動車が日本で初めて一〇トン車をつくったとき、竹内は西濃運輸で最初にこの車に乗る名誉を与えられた。同時に、新設された東京支店への常駐を命じられて、もっぱら一〇トン車で東京—大阪間を走ることになった。

竹内はまだ独身だったが、田口社長は「嫁（一〇トン車）をやるから、東京へ連れていけ」とジョークを言った。

東京オリンピック

二七歳のとき、歌舞伎座の裏手にある某医院で大きな手術を受けた。

気分が悪くなって診察を受けに行くと、胃潰瘍だと診断された。当時は胃カメラなどなかったからレントゲンだけの判定で、切ればすぐに治るが入院して投薬しても治るかどうか保証できない、治らないと胃がんになるかもしれないと、医者に脅かされた。

ところがいざ手術を受けてみると、胃はなんともなかったと同じ医者が言う。ただし、腸が少しばかり長過ぎたので、一〇センチから一五センチほど切っておいたという話である。竹内は心臓が弱いから、心臓への負担を減らすために縫合を急いでやったとつけ加えた。

しかし、縫合を急いでくれたことが、後で裏目に出てしまった。

一年ほどたったとき、またしても気分が悪くなって今度は北千住の病院にかかった。すると、いますぐ手術すべきだという。前の手術の縫合がいい加減だったために腸が絡んでしまって、腸閉塞《へいそく》を起こしているというのである。「もう、手術は勘弁してくれ」と医者に頼むと、「そうか、本人が嫌なら仕方ない」とベッドの上に放置された。

ところが、数時間たつと、もう苦しくて苦しくて仕方がない。「先生、お願いですから切ってください」と頼むと、「さっきは嫌だと言っていたくせに」と医師が意地悪を言う。「なんでもいいから切ってくれ」と懇願すると、ようやく手術の準備が始まった。

そもそもは某医院の診立てがいい加減だったのが悪いのだが、実を言うと、竹内の妻はその某医院にいた看護師である。入院中に仲よくなって、退院後にしばらく文通してから豊橋で結婚式を挙げた。つまり某医院は、縁結びの神様でもあったわけだ。

昭和三九年の三月一日、東京オリンピックが開催された年に、竹内は西濃運輸を辞めて国際自動車のタクシー運転手になった。理由は、二度にわたる手術の結果、重い荷物を持てない体になってしまったからである。荷物の積み下ろしをやらなければならないトラック運転手を続けるのは不可能だった。

つまり某医院は竹内に嫁を世話しただけでなく転職を強いる結果にもなったわけだが、そのお蔭で竹内は天職とも言えるタクシードライバーになったのだから、あながち不運な巡り合わせとも言えなそうである。

竹内の記憶によれば、この年は、二月二九日がある閏年《うるうどし》だった。仕事を休むのが昔もいまも嫌いな竹内は、昭和三九年二月二九日まで西濃運輸で働いて、翌三月一日から国際自動車で働き始めている。要するに、ただの一日も間をあけなかったのである。

車の運転には自信があったが、都内の道に精通しているわけではなかった。しかし、当時は客が道を教えてくれるのが当たり前だったから、釣り銭とサービスで配っていたマッチ箱だけを持たされて、竹内はいきなりタクシードライバーになった。

初めての客の行先は、船橋だった。客がこんな提案をしてきた。

「ここから船橋までは一五七〇円で行けるから、運転手さんメーター起こしたまま行っちゃいなよ。俺は後ろで横になってるからさ」

言われるままにメーターを倒さずに走って船橋に着くと、客は本当に一五七〇円払って降りていった。営業所に戻ると、竹内は同僚にこの一件を話した。

「タクシーっていい仕事だねぇ。メーター倒さなくていいっていうお客さんを乗せたんで、一五七〇円まるまる儲かっちゃったよ」

「馬鹿野郎、それはエントツって言うんだ。そんなもん会社にバレたら即クビだぞ」

おそらく、一五七〇円という料金は、船橋までメーター走行した場合の相場よりもかなり低い金額なのだろう。しかし、水揚げのほぼ半分を会社に取られてしまうドライバーにしてみれば、一五七〇円がメーター走行した場合の半額よりもいくらかでも多い金額であれば得になる。客はそれを知っていて、〝共犯〟を持ちかけてきたわけだ。

いま風に言えばWIN-WINの関係ということになるかもしれないが、後部座席で横になっているというのも、空車表示のまま客が乗っているのを見つかるとまずいことを知っていたからで、そう考えると、おそらくこの客は常習者だったに違いない。

ちなみに、こうした不正行為をなぜエントツと呼ぶかといえば、昔のタクシーは空車のときに「空車」と書かれたレバーをエントツのように立てて走行していたからだという説が有力である。一般的なエントツは、客ではなくドライバーの方からメーター走行しないことを持ちかけて、相場より少し安い料金を客に払わせてそれをポケットに入れてしまうというもの。現代ではむしろ、ノルマを満たすために客が乗っていないのにメーターを倒して客を乗せたことにして走り、その分の料金をドライバーが自腹を切って補塡《ほてん》する「ぶっこみ」という不正が多いらしい。そうした方が歩合の割合が上がって、結果的に得をする場合があるからだ。逆エントツ、とでも言えばいいだろうか。

東京オリンピックは、竹内がタクシードライバーになったこの年の一〇月一〇日から、二週間にわたって開催されている。竹内にとって重要だったのは、オリンピック自体よりもむしろ、それに先立つ道路工事の方だった。都内のあちらこちらで突貫工事が行われて交通規制が多く、土埃《つちぼこり》の絶えることがなかった。

新幹線の開業は開会式のわずか九日前の一〇月一日であり、東京―大阪間を四時間（開業当時）で結ぶ新幹線の登場は、トラック運転手たちにとって驚きだったそうである。たとえば竹内の古巣である西濃運輸では、運転手二名体制で東京―大阪間を二二時間で走る「弾丸便」を長く売りにしていた。新幹線の四時間は、桁違いの速さだった。

竹内は、いまだに西濃運輸の創業者である田口利八を尊敬している。田口は、同じ釜の飯を食った仲間（社員）が、定年になったからといって会社を去るのはおかしい、植木の手入れでもいいし、トイレの掃除でもいいから、なにかひとつ仕事を見つけて死ぬまで一緒に働けばいいという考え方の持ち主だった。

会社はひとつの家庭だと、田口は口癖のように言っていた。そして竹内は、田口のその考え方が大好きだった。転職先に国際自動車を選んだのも、国際の創業者が西濃の本社のある岐阜県の出身だったことに、なんとなく親しみを感じたからだった。

石原裕次郎

タクシードライバーになった竹内は、さまざまな客を乗せるうち、ひとつの信念を持つようになった。トラックは物を運ぶが、タクシーは客を運ぶ。自分がいい仕事をしたかどうかは、客が満足して降りていくかどうかにかかっている。降りるときに「ありがとう」とか「ごくろうさん」という言葉を客が口にしてくれなければ、プロとしては失格だ。

あるとき、浅草でヤクザを乗せたことがあった。

なぜヤクザだとわかったかといえば、後部座席に座った男が助手席のマクラ（ヘッド・レスト）を抱きかかえる姿勢で話しかけてきたからである。助手席の方にちらりと目をやると、小指と薬指が詰めてあった。ヤクザはマクラを抱いたまま、助手席に移っていいかと聞いてきた。

「いや、お客さん、私はそういう気はないんで」

「おい、そういう気ってどういうことだ」

「ですから、男性には興味がないんで」

男のひとり客が助手席に座りたがる場合、男色家である疑いが濃厚である。

「なんだと、俺は一八年ヤクザをやってきたが、オカマに間違えられたのは初めてだ。てめえは何者だ」

「何者って、私は蔭も日向《ひなた》もない、ただの運転手ですよ」

「ふざけやがって。いいから、助手席に乗せやがれ」

竹内は突っ張りきれずに、おっかなびっくりヤクザを助手席に乗せた。ヤクザはしばらく悪態をついていたが、竹内の巧みな話術によって徐々に機嫌を直し、目的地に着く頃にはすっかり打ち解けてしまった。ヤクザは男色家ではなく、足元が寒いから暖房の吹き出し口に近い助手席に乗りたかったのだということも判明した。

「しかしお前、おもしれえ野郎だな」

「蔭も日向もない、いえ、お天道様に当たっても影さえできないぐらい影の薄い運転手でございます」

「あはは気に入った、また乗ってやるからな。ありがとよ」

ヤクザは上機嫌で、礼を言いながら降りていった。

石原裕次郎を乗せたこともあった。

目白通りの学習院前で、石原裕次郎にそっくりな体型をした男が竹内の車に向かって手を挙げていた。乗せてみたら、本物の石原裕次郎だった。そして、乗せてわずか数分のうちに、竹内はすっかり裕次郎のとりこになってしまった。裕次郎には人を瞬間的にリラックスさせ、しかも昔からの知り合いだったような気持ちにさせてしまう特殊な能力があった。気がつくと、自然に〝タメ口〟をきいていた。

「ところで裕ちゃんさぁ」

「なんだよ」

「お兄さんに子供さんが四人もいるのに、なんで裕ちゃんには子供さんいないの」

「そんなのわかんねえよ」

「あんまりモテちゃって、あちこち配っちゃってさ、奥さんに届いてないいんじゃないの」

「そんなこと言われたって、答えられるわけがねえだろう。あんた、子供さんは」

「三人いますよ」

「カミさんを大事にしなよ。カミさんを大事にしない男は、ろくなもんじゃない」

裕次郎は、何度となくこの言葉を繰り返した。そして、車を降りるときにこう言った。

「しかし、カミさんしか知らない人生って、寂しいよな」

料金は一七〇〇円だった。裕次郎が千円札を二枚出したので、竹内はお釣りを三〇〇円渡した。裕次郎はその三〇〇円を受け取ってポケットにしまい込むと、別のポケットからチップを取り出した。

「子供さんになにか買ってやってよ」

裕次郎の粋な人柄にもしびれたが、竹内がこれまでのドライバー人生の中で最も鮮烈に記憶しているのは、ある若い男のことである。

その若い男は、チケット客だった。予約を受けて府中まで迎えに行くと、胸に白い布で包んだ骨壺を抱えた姿で現れた。納骨に行くから会津磐梯山の麓まで行ってくれという。府中からは相当な距離である。骨壺を持って電車に乗るのは、はばかられたのかもしれない。

ひとまず郡山まで出てから、猪苗代湖方面に向かう国道四九号線に入ると、猪苗代湖の手前のトンネルに入る直前で、男が車を止めてくれという。紅葉の季節で、道路には無数の落ち葉が敷き詰められていた。

竹内が路肩に車を寄せると、男は骨壺を抱えたまま車を降りて、トンネルの脇にある小道を上り始めた。小道はちょうどトンネルの真上のあたりまで続いており、そこまで上ると見晴らしがきく地形になっているようだった。

男の話では、骨壺に入っているのは、結婚して間もなく亡くなってしまった妻の骨だということだった。それ以上のことを、男は話そうとしなかった。

男はトンネルの真上に立って骨壺を頭上に高くかかげると、いきなり大声で叫んだ。その絶叫を、竹内は一言一句記憶している。

「おーい、ミナコー。見えるか。見えるかー。ここにふたりでよく来たよな。この景色、一緒によく見たよなー」

男は骨壺を高くかかげたままの姿勢で、しばらく泣いていた。竹内も、トンネルの下でもらい泣きをした。

猪苗代湖畔にある野口英世の生家に近い男の実家で、昼食をご馳走になった。会津途の足つきご膳に乗せられて出てきたのは、ご飯に味噌汁、梅干しと野菜のおひたし。質素だったが、田舎のもてなし料理に違いなかった。

料金は五万を超えていた。その後、その若い男がどうなったのか知る由もない。タクシーの仕事は、一期一会だ。

竹内は七〇をとうに過ぎているが、先日、新車を買ったばかりである。個人タクシーの仲間に会うたびに、そんなにいい車を買っていったいいつまで仕事をやるつもりだとからかわれる。母に教えられた通り、働いて働いて働き通して、あの世まで乗っていくために買った車だよと言い返すことにしている。

借金王

高橋丈太郎は、昭和二一年、築地明石町にあった築地産院で生まれた。ちょうど聖路加病院の裏のあたりである。

佃島の長屋で一歳半まで育ち、門前仲町に引っ越して、大人になるまでそこにいた。正確に言うと深川牡丹町だが、深川牡丹町といっても地元の人以外はわからないので、生まれを聞かれると、地下鉄の駅名になっている門前仲町と答えることにしている。

深川牡丹町の周囲には深川古石場町や深川越中島町といった、由緒のありそうな町名がいくつもあったが、町名変更でみな深川が取れてしまった。牡丹町は町まで取れて、牡丹になってしまった。これでは町名だかなんだかわからない。

いま、深川という名前が残っているのは高速道路（九号線）の北側だけで、高橋にしてみれば、自分はあくまでも深川の出身であって、変わったのは自分ではなく町名の方である。

下町の気風とはどんなものかと尋ねてみると、

「簡単に言えば、祭り囃子《ばやし》が聞こえてくると居ても立ってもいられなくなるってこと」

とたしかにシンプルな答えである。

一昨年（二〇一二年）は三年に一度の深川神社（富岡八幡宮）の本祭りだったので、文字通り、居ても立ってもいられずに飛んでいってしまった。本祭りには一〇〇を超える町内の神輿《みこし》のうち、大神輿ばかりが五〇数基も集結して壮観である。

高橋が子供の頃の深川界隈《かいわい》にはまだ焼け跡が残っていて、掘立小屋が多かった。父親は鉄工所の経営者で鉄骨の設計をやっていたが、会社の乗っ取りにあって松尾橋梁《きょうりょう》という会社に転職し勤め人になった。松尾橋梁は、東京タワーを建設したことで有名な会社だ。父親は無類の酒好きで、休みの日は朝から飲んでいるような男だったが、それが祟ったのか四四歳のときにがんで亡くなってしまった。

「父親だけじゃなく、兄弟親戚みんな堅物ばっかりだったから、私ひとりぐらいは面白い人生を歩みたいもんだと子供の頃から思ってたね。できれば、どこでもいいから外国に行きたかった。頭がよかったら外交官になりたかったけど、残念なことにあんまり勉強ができる方じゃなかったね」

そこで高橋が就職先として考えたのが、商社だった。外国に行くには、商社に入るのが一番てっとり早い。

高校時代は親戚の大学生から英語を教わり、高校を卒業すると御茶ノ水の語学学校に通って、二年間、英語をみっちり勉強した。

親戚の大学生からは、英語以外にもいろいろなことを教わった。マージャンもパチンコも教わったし、喫茶店の入り方も指南してもらった。高橋の世代の高校生にとって、喫茶店は大人の世界への入り口だった。学校からは出入りを禁止されていたが、有楽町の日劇の裏手にあった「ルビアン」という喫茶店によく連れていってもらった。昭和三〇年代の終わりの頃の話である。

高校三年生のときに東京オリンピックが開催されて、国立競技場にサッカーの試合を見に行った。

「オリンピックの競技自体は、なんだか漠然としていて、それほど記憶に残ってないね。はっきり覚えているのは、マラソンの円谷《つぶらや》と体操ぐらい。それよりも、高速道路や新幹線ができたことの方が、強烈だったよな」

オリンピックの後にやってきた学生運動の波には乗らなかった。いや、乗らなかったというより、なんの興味も持たなかった。

ブルガリア

最初の就職先は、雑貨の輸出をしている小さな商社だった。そこで貿易関係の事務をひと通り覚えた。主力商品はブリキのおもちゃである。ところが入社三年目にオーナー社長が病気になってもう長くないというので、別な商社を探さなくてはならなくなった。貿易事務は覚えたが、外国にはまだ一度も行けていない。

次に入ったのが、バルイーストという共産圏貿易が専門の商社だった。バルイーストとはバルカン半島の東という意味である。ブルガリアだけでなく、ハンガリー、ポーランド、ルーマニア、チェコ・スロバキアなど旧東欧共産諸国と取引があった。高橋はこの会社で、ブルガリアという国と運命的な出会いをすることになる。

高橋が最初に扱ったのは、ポーランドの商品だった。ブラック・カラント（黒すぐり＝カシス）を輸入して、日本の食品メーカーや小売業者に買ってもらう仕事である。当時の東欧諸国はルーマニアを除けばほとんどが農業国であり、果物のジャムなどが主要な輸出品だった。

高橋は、乳酸菌飲料のメーカーや缶詰メーカー、輸入食材を扱っている高級スーパーマーケットなどにブラック・カラントを売り歩いた。

「カシスなんて、いまでこそポピュラーだけど、当時の日本では名前を知っている人すら少ない状況だったし、ヨーグルトにベリー類を入れて食べる習慣もまだなかったから、ブラック・カラントはぜんぜん売れなかったね」

次に扱ったのは、ポーランドから輸入した果実から抽出した色素だった。これは、中野にあった香料会社を経由した大手乳性飲料会社への売り込みが成功して、ずいぶん大きな商売になった。東欧の共産国に実った果物からつくった色素がカルピスの着色に使われていたことなど、ほとんど誰も知らないことだろう。

果実の輸入を一年半ほどやってから、高橋は東欧諸国へのステンレス鋼板の輸出を担当することになった。冷蔵庫の土台の板にしたり、針金の材料にしたりと用途はいろいろだった。

「ルーマニアっていうのは商売のうまい国で、日本から鋼材を輸入する代わりに、自分の国の銑鉄《せんてつ》を買えというんですな。こっちが買う量に応じて輸入量も変えてくるわけ。だからわれわれは、ルーマニアではなくてズルマニアなんて呼んでいたね。銑鉄の質は悪かったけど、日本の鉄鋼メーカーは〝味の素〟をかけて質のいい鉄に変えちゃうんだ」

二五歳のとき、ついに念願の海外駐在員の辞令が出た。行先はむろん、ブルガリアである。しかし、初のブルガリア行きで高橋は散々な目に遭うことになる。

ソフィア空港

高橋の初のブルガリア行きは、昭和四六年のことである。

成田空港はまだなかったから（昭和五三年開港）、羽田から一〇時間かけてまずはモスクワのシェレメチボ空港に飛んだ。ブルガリア行きの直行便は週に一便しか出ておらず、しかも早朝のフライトだったから、シェレメチボ空港そばのホテルに一泊して、翌朝、ブルガリアのソフィア空港行きの便に乗るのである。

ホテルは想像を絶する汚さで、ほとんど〝ブタ箱〟だった。食事も得体の知れないものだったが、ソ連のビザがないので外出は許されない。高橋は風呂にも入らず、食事もせずに、ひたすら〝小便ビール〟と呼ばれるビールを飲んで時間を潰した。〝小便ビール〟はちょうど一ドル。色はたしかにビール色だが、ビールの味はほとんどしなかった。一ドルが三六〇円の時代である。

翌朝、シェレメチボ空港に現れた飛行機は、ツポレフというソ連製のジェット機だった。キエフの上空を飛んで、約四時間でソフィア空港に到着した。空港に降り立った最初の印象は、「なにもないところ」である。当時のブルガリアには約一〇〇人の日本人がおり、そのうちの一五人ほどが学生だった。東海大学の松前重義の方針で、柔道を世界に広めるために交換留学が行われていた。それ以外は、ほとんどが高橋のような商社マンとその家族だった。ブルガリアの緯度は、ほぼ北海道と同じ。冬は氷点下二〇度近くまで気温が下がるが、夏は過ごしやすい。

バルイーストの事務所は「バルカン」という名前のホテルに入っていて、高橋も当面はそのホテルに住まうことになった。しかし、一年もたたないうちに体を壊してしまった。理由はブルガリアそのものにあった。

「まず、辞書もないから言葉がダメでしょう。料理はオリーブオイルで揚げたものばっかりで、ステーキを頼めば目いっぱい焼いて固くなった草鞋《わらじ》みたいなやつが出てくる。味付けは塩だけ。日本人にはとても食えた代物じゃない。日本の醬油とソースとマヨネーズをホテルのレストランにキープしておいたんだけど、すぐになくなっちまう。ブルガリアの連中がうまいうまいってみんな使っちまうんだ。そりゃそうだよ、日本の調味料はおいしいもの」

驚かされたのは、ホテルのレストランの食事だけではなかった。週末になると、若者たちは居酒屋に集まってウオッカを飲みながらデートをする習わしだったが、皿に載っている肴を覗《のぞ》いてみると、なんとキュウリとトマトの輪切りにヤギのチーズを乗せたサラダ（ショプスサラダ）のみ。質素なものであった。

高橋はブルガリアの食事にまったくなじむことができなかったが、女性にも辟易《へきえき》させられた。

ブルガリアでは髭を剃ると売笑婦だと認識されるため、女性が鼻の下の産毛を剃る習慣がない。それだけでも違和感があったが、腋の毛も剃らないのが普通だったから、電車やバスに乗ると腋臭がきつくて頭が痛くなった。高橋は背が低いから、ちょうど吊革に摑《つか》まった女性の腋のあたりに鼻先が行ってしまうのだ。これは男性も同じことだと思うが、なぜか高橋の記憶に残っているのは女性の腋臭のみである。食事、女性、そこに言葉が通じないストレスが加わって、ついに血便が出るようになってしまった。通訳を頼んでブルガリアの病院に行ってみると、いきなりがんを宣告された。まだ二〇代の若さである。さすがにそれはなかろうと、ウイーンの病院で診察してもらうと、今度は十二指腸潰瘍だから手術をしないと死ぬと言われた。

東京の本社にSOSを出して帰国の許可をもらい、御茶ノ水の順天堂大学で診察を受けると、「たしかに十二指腸潰瘍だが半年薬を飲めば治る」との診断で、実際、半年薬を飲んだらすっかり治ってしまった。

秘密警察

東京で一年間静養して十二指腸潰瘍が完治すると、再びブルガリア行きの辞令が下った。

今度は、あんな目には絶対遭いたくない。高橋が考えついたのは、現地で恋人をつくることだった。

「外国語の習得には、ネイティブの恋人を持つのが一番てっとり早い。恋人ができたら、手料理を作ってくれるんじゃないかという期待もあったね」

相変わらずなにもないソフィア空港に降り立った高橋は、早速、カフェに通って女性と接触する機会を探った。当時のブルガリア人は、法律によって外国人と接触することを禁止されていた。接触を許可されていたのは、インタープレートと呼ばれる組織の人間だけである。インタープレートとは、いわば外資系企業のお世話を専門にやる公団であり、駐在員が住むアパートの斡旋から秘書の派遣まで一切を無料でやってくれた。ただし、商談が成立するとその総額から一、二％のコミッションを取る。そういう仕組みになっていた。そして、このインタープレートから派遣されてくる女性秘書は、秘密警察の一員であるというもっぱらの噂だった。彼女たちは外国人と接触できる許可証を持っており、外国人と恋愛をするのも自由だった。ただし、彼女たちと話した内容はすべて、政府に筒抜けであることを覚悟しなければならなかった。

さすがにインタープレートの女性は口説く気にもならない。高橋はたまたまカフェで後ろの席に座った若い女性に、一か八か英語で話しかけてみた。

「僕の部屋に来ないか」

すると英語で、「行くわ」と答えてきた。偶然にも英語ができる女性だったのだ。

当時のブルガリアでは、日本人のことをよく「お金が服を着て歩いている」と言った。日本人はドルをたくさん持っていて、ドルショップで売っているウイスキーやチョコレートやタバコを自由に買うことができる。だから、誰もが日本人と接触したがった。日本人と他の東洋人を見分けるのは簡単なことだった。いつも、腕時計とネクタイをしているのが日本人だった。

一番露骨だったのは、警察官である。

「連中、日本の商社の車には接待に使うジョニーウォーカーが常に積んであることをよく知ってるんだ。だから、用もないのに車を止める。そして、金を払うからウイスキーを売ってくれと言うんだな。でも、奴らが出してくるのは現地通貨ですよ。冗談じゃねえ、俺たちはドルで買ってるんだよって話だよ。

年末もひどかったね。日本の会社は取引先にカレンダーを配る習慣があるでしょう。ヨーロッパじゃ和服の人気が高いんで、和服の女性の写真のカレンダーを車で配って歩くわけ。すると、警官がまたそれを狙ってくる。車を止めて、カレンダーを一部寄越せというんだ。なにしろブルガリアの家の中は質素だから、連中、下の日付の部分を切り取って、和服の女の子の写真で部屋を飾ろうって魂胆なんだよ」

いかにも旧共産圏らしいエピソードだが、高橋がひとつ感心したことがあった。公団（取引先）との商談が成立すると日本側がウイスキーやタバコを先方に持参して、「ナズドラビア（乾杯）」と言いながら盃《さかづき》を干すのが習わしだったが、ブルガリア側がそこにいるメンバーだけでウイスキーやタバコを山分けしてしまうことは、絶対になかったのである。ウイスキーやタバコが職場全員の分集まるまでキープしておいて、集まったところで均等に分配する。そこは、さすがに共産国家だった。

さて、こうした国で外国人と接触する許可証を持っていない女性と交際をするのは、実に大変なことだった。二度目の駐在では、インタープレートから斡旋されたアパートに入っていたが、電話機や蛍光灯などに盗聴器が仕掛けてあるというもっぱらの噂だった。仮にそうしたものがなかったとしても、隣近所の住人から密告されればひとたまりもない。ブルガリアもご多分に漏れず、密告社会だったのだ。

高橋は、一計を案じた。商売と同様、隣近所にもつけ届けをすればいい。そうすれば多少のことは大目に見てくれるだろう。それにはウイスキーもいいけれど、ブルガリアの一般家庭で喜ばれるものの方がいい。それなら、バナナだ。ブルガリアは農業国で果物は比較的豊富にあったが、バナナは絶対的な貴重品だった。まだ配給制が残っていた時代であり、ブルガリアの人々は市場に長蛇の列をつくって、一本、二本という単位でバナナを買っていた。高橋がバナナを房ごと買っていると、周囲の視線が一斉に突き刺さってきた。

「そういう貴重品を両隣と上と下の階の住人にプレゼントして、彼女から電話がかかってきたらドアを開けておく。ピンポンを鳴らされると、誰か来たってわかっちゃうからね」

カフェで出会った彼女は、ユーゴスラヴィア人とブルガリア人との混血で、仕事は保母をやっていた。容色は十人並み。当然、鼻の下の産毛は剃っていない。ただ、高橋が嬉しかったのは、初めてアパートの部屋にやってきたとき、お手製の煮物を持ってきてくれたことである。決しておいしくはなかったが、独身の高橋の心に沁《し》みる出来事だった。

一方、高橋を驚かせたのは、彼女のセックスだった。

当時のブルガリアには徴兵制があり、男性も女性も日本で言えば高校生ぐらいの年齢で兵役に行かなくてはならない。親元を離れた、そして娯楽のほとんどない兵役の時代に、ブルガリアの若者が熱中できるものは異性交遊以外になかった。高橋と彼女は、屋外でデートをするわけにはいかなかったから、アパートの部屋の中で食事をするか酒を飲むかセックスをする以外にやることがない。

「私と同じぐらいの年の女性だったけど、なんてったって高校生ぐらいから鍛えてるから、うまかったね。アレレッという感じですよ。ヨーロッパはあっちこっち行ったけど、ヨーロッパの人はみんな好きだし上手ですよ」

ちなみに高橋は、ブルガリアの彼女とは結婚しなかったが、後に、三人の女性と結婚している。最初は日本人で、彼女は心臓病で早くに亡くなってしまい、二番目は上海で出会った中国人で、あまりにも料理が下手だったのでわずか三カ月で離婚。三番目は日本人だったが、高橋が巨額の借金を背負ったときに離れていってしまった。

「オーバーラップしてた時期もあるから、つき合った年月を合計すると計算が合わないと思うけど、まあ、人生いろいろあったということですよ」

ブルガリアの彼女も、結局のところ高橋が持っているドル目当ての部分もあり、どこか冷めたところがあった。ブルガリア人が西側のウイスキーやタバコを欲しがるのには、医者に持っていくと優先的に治療が受けられるといった、切実な裏事情もあった。

住めば都

ブルガリアに駐在して数年たつと、住めば都という言葉を実感するようになった。

相変わらず辞書はなかったけれど、新しい単語に出くわすたびにノートに書き留めていって自前の辞書をつくり上げた。長期ビザを取っていたが、会社には短期ビザしか取っていないと嘘をついて、二、三カ月に一度、ビザの更新に行くと言っては西側諸国に遊びに行った。これがいい息抜きになった。よく行ったのは、ギリシャだ。

「ブルガリアとギリシャの国境からそう遠くないところに、テッサロニキって町があって、そこへ行くと鮮魚だとか自動車のパーツなんかも手に入る。ゴルフ場もあったんで、一番よく行ったところだね。ギリシャ人ってのはとにかく仕事をしない人種で、朝からビールなんか飲んでいやがる。いま、国が危ないとかいうけどさ、あれだけ働かないんだから当たり前だよね」

ブルガリアという国に対する理解も、徐々に深まっていった。

高橋の目に映ったブルガリアは、「惨めな国」だった。国民は国家から極度の抑圧を受けていて、ほんの小さな暴力事件を起こしただけでもすぐに逮捕されてしまった。取っ組み合いの喧嘩《けんか》なぞ絶対にできなかったし、言いたいこともまるで言えない。あらゆる産業を国営の公団が担っていたから、国民全員がいわば親方日の丸状態であり、公団の幹部に対しても絶対服従を強いられていた。そして、公団にせよ共産党にせよ、組織の中で出世ができるのは共産党幹部の子弟と決まっており、貧乏人はずっと貧乏人のままだった。しかも、ブルガリアという国全体がソ連に対して絶対服従の姿勢を取らざるを得ないという立場にあった。

「だから、ソ連の何十番目かの共和国だなんて言われていて、テレビは朝からロシアの英雄物ばっかりやってる。ブレジネフとかチェルネンコなんてソ連の偉い人が亡くなると、どういうわけかブルガリアの国民が喪に服すんだよ。なにしろ怖がりな奴が多くてね、ヨーロッパでは日本の空手とか柔道が有名だから、ブルガリアの奴とちょっとトラブルになったら、パッと空手の型を見せるわけ。本当はぜんぜんやったことないんだけど、それだけで『殺される』とか叫んで逃げちゃう奴が多かったね」

ブルガリアでは、イエスのときに首を横に振り、ノーのときに首を立てに振る。古くからモンゴルやトルコの支配を受けてきたブルガリアでは、国王が剣を喉元に突き付けられた状態で「イエス」と返事をしなければならない事態があり、首を縦に振ると剣が喉に刺さってしまうので、首を横に振りながら「イエス」と言ったというのが、世界標準と異なる首の振り方の起源だという説がある。

そんな国ではあったけれど、一〇年近く駐在員として過ごすうち、高橋は自然にこの国を第二のふるさとだと思うようになっていた。所用があって日本にしばらく帰国した後、ソフィア空港に飛行機が着陸すると、なんとも言えない安堵感を覚えるようになってしまったのだ。空港には日本人をしょっちゅう出迎えに行っていたから、税関の役人ともすっかり顔なじみになっていたし、そもそも日本人が少なかったから珍重された面もあったが、それだけではなかった。高橋は心のどこかで、ブルガリアという国を好きになっていたのかもしれない。

少なくとも、外国に行きたいという高橋の子供の頃からの夢を、紛れもなく現実のものにしてくれたのはブルガリアだった。

清算

四〇代の初め、高橋は日本のある工作機械メーカーの後押しを受けて、バルイーストから独立を果たし、数人の仲間と一緒に東欧共産圏専門の商社を設立した。

当初、事業はきわめて順調だった。工作機械に対する需要は旺盛だったし、懸案だった口に合わない食事の問題も、日本から定期的に食材を送ってもらうことで解決した。社長になった高橋の年収は一〇〇〇万円を超え、節税のため日本国内にマンションを買ったり、社員寮を買ったりもした。日本人女性と再婚して、毎月、五〇万円近い生活費を渡していた。まさに、左団扇《うちわ》の生活。高橋は得意の絶頂にいた。日本に帰ってくると、「洋行帰り」と持ち上げられて、ずいぶん散財をさせられた。

「なにしろブルガリアは金を使うところがなかったから、金が貯まって貯まって仕方なかったよね」

ところが、東欧民主化の波が高橋の運命を一変させてしまった。

日本のバブル景気は一九九一年に崩壊しているが、ポーランド、ハンガリーが口火を切った東欧の民主化は、日本でバブルが崩壊する直前の八九年に、ベルリンの壁の崩壊でピークを迎えている。親ソ的だったブルガリアもこの流れとは無縁ではいられなかった。

「ハンガリー、ポーランド、ルーマニアはそもそもアメリカ寄りで、ブルガリアはソ連寄りってことになってたけど、本当は違ったね。ブルガリアはソ連寄りのふりをしないと成立しない社会だっただけ。なにしろ製鉄プラントなんて、みんなソ連のお古だったんだから。ブルガリアは共産党書記長のトドル・ジフコフってのが長いこと権力を握ってたんだけど、民主化で家族もろとも監獄にぶち込まれちまった。私は危ないってんで、この時期は日本に帰ってたんだけど、考えてみれば、ジフコフと一緒にブルガリアを去ったようなもんだね」

東欧全体の政情不安のせいで、まず、ブルガリア向けの輸出に輸出保険が掛けられなくなってしまった。要するに、ブルガリアという国自体がブラックリストに載ってしまったようなものだ。銀行は商社に融資するとき必ず輸出保険を掛けるから、保険が掛けられないとなると銀行は融資をしてくれない。これでは商売あがったりだ。高橋は信用保証協会の資金を利用して、ようやく銀行から金を借りることができたが、肝心のブルガリア側の公団がこけてしまったのである。

「日本の銀行が輸出した品物の代金を払ってくれと催促しても、ブルガリアの銀行からはちょっと待ってくれという返事しか返ってこないというわけ。要するに払う金がないと。バンザイしちゃったというわけだ。

払えの払えないのって喧嘩しているうちに船は港に着いちゃうし、港に着けば品物は倉庫に入っちまう。代金を払ってくれないからって日本から取りに行くわけにもいかないし、向こうは金がないんだから送り返してくれるわけもない。まあ、寸借詐欺に引っかかったみたいなもんだよね」

いきなり、約八億円という巨額の代金が未回収になってしまった。

「さあ、殺せという気持ちですよ。だって、徒手空拳《としゅくうけん》っていうか、私にはなにも打つ手がないんだもの」

不渡りを出して倒産してしまう手もあったが、それだと顧客への支払いを踏み倒すことになって迷惑をかける。高橋は、会社を倒産ではなく清算することにして、あえて裁判の道を選択した。被告は高橋、原告は信用保証協会である。問題は、八億円あまりの借金を誰が被るかだった。当時は、社長が個人保証を入れない限り、中小企業は融資を受けることができなかった。

「結局、私個人の預貯金から、節税のために買ったマンション、社員寮、それに満期になってた役員保険まで、全部取られちゃった。ついでに、女房にも逃げられちゃった。本当のすってんてん。一文無しですよ。でも、それ以上は払いようがないんで、要するに、日本国民のみなさんに立て替えていただいているということです。返せるものは全部返せ、返せなければ仕方がないという寛大なお取り計らいです」

裁判が終わるまでの一年間は、仕事どころではなかった。その間は、妻のへそくりから生活費を出してもらった。なにしろすってんてんの身の上だから、生活費を一円も渡せない。裁判にケリがついて、別れ話を切り出されたとき、高橋は引き止める言葉を持ち合わせていなかった。

借金を背負った瞬間、兄弟たちもみな離れていってしまった。甥や姪にはたまに会うことがあるが、兄弟に会うことは一切なくなってしまった。

「みんな、自分さえよきゃいいって、つまらない連中だよ」

いくら巨額の借金を背負っていても、離婚をしても、生きるためには生活費を稼がなくてはならない。五〇を過ぎた男の再就職は厳しかった。いくら英語ができると売り込んでみても、あなたよりも若くて英語が堪能な人材を安い給与で雇用できると一蹴されてしまった。最後の最後に拾ってくれたのが、タクシー業界だった。

「よく、リストラされたぐらいで自殺しちゃう奴とかいるけどさ、冗談じゃねえ、俺なんてもっと大変な目に遭ってんだ。死ぬまで八億も借金背負ってんだぞって思うよね」

おそらく日本人の中で、二〇年以上の長きにわたってブルガリアに滞在してビジネスをした経験を持つ人間は、高橋の他にそういないのではないか。ならば、その経験を活かしてもう一度ブルガリアとビジネスをすればいいように思うのだが……。

「倒産にしなかったから、私、社長にはなれるんだ。でも、銀行のブラックリストに載っちゃってるから、それで会社を興すのは無理でしょう」

高橋の会社だけでなく、バルイーストも含め、旧東欧共産圏を相手に仕事をしていた会社は、東欧の民主化によってほとんどが消滅してしまった。

高橋にとって、ブルガリアとはなんだったのか。

「いい夢を見せてくれた国ですよ。大企業の会長さんとか大学の先生なんかが、ブルガリアではみんな私を頼ってくれたしね。決して、悪い夢じゃなかった。ブルガリアはなんにもない農業国だけど、緑が多くてね、よく、農家の庭先になってる果物をその場でもいで食べさせてもらったもんだよね。家族と年寄りを大切にする国で、週末は家族みんなでのんびり過ごすんだ。あまりにも経済とか文化のレベルが違うから、単純な比較はできないけど、日本は殺伐としてるよね。自分を見てもそう思うよ。家族なんてあってないようなもんだし、年がら年じゅう、殺人事件があるでしょう。ブルガリアじゃあ『殺す』って言葉を聞かなかったからね」

相撲取りの琴欧洲は、ブルガリアのベリコ・タルノボという町の出身である。ベリコ・タルノボはとても美しい町だという。

「一度、テレビで琴欧洲がブルガリアにいるお母さんとしゃべっている場面が映ったことがあるんだけど、私は言葉がわかるんで、彼がお母さんに対してとても優しい言葉をかけてるのが聞こえたんだ。それを聞いたら、ぐっと来ちゃってね。やっぱりブルガリアは、私の第二のふるさとなんですよ」

　高橋は、お客様は神様だという日本の風土に納得いかないものを感じている。タクシードライバーには態度の悪い人間が多いとよく言われるが、乗客にもモラルの低い人間は大勢いる。車内で大声を出して怒鳴ったり、後ろからシートを蹴飛ばしてきたり。なのに、一方的にタクシーだけが悪く言われることに、納得がいかないのだ。ここまで神経を麻痺させないとやっていけない仕事があるなんて、おかしい。国が悪いのか、社会が悪いのか、それとも自分自身が悪いのかわからないが、なんでもかんでもタクシーが悪いなんて、絶対におかしい。

「昔はさ、商売だから仕方なくブルガリアに行ってるつもりだったけど、死ぬまでにもう一回だけブルガリアに行きたい。リラの僧院とか、カザンラクとか、ベリコ・タルノボとかさ、自分が行ったことのある場所をもう一回だけ歩いてみたいんだよ」

　高橋は、呻くようにこう言った。

長いあとがき

もうかれこれ二〇年以上前になるが、新卒で就職した会社を一年半で辞めてからというもの、一貫して金がない。

なぜ、長い受験勉強のゴールであったはずの大企業を辞めてしまったのか、理由は自分でもよくわからない。当時は「管理社会」という言葉が流行っていて、管理されることへの反発のようなものがあった気もする。親に敷かれたレールから一度降りてみないことには、自分の人生にならないような気もしていた。本当の理由はいまだによくわからないのだが、ただ、なにかが無性に耐え難かったことだけは間違いない。

コインシャワー

金がないと、人間はいろいろなことを考えるものである。

会社を辞めて最初に移り住んだのは、杉並区の阿佐ヶ谷という町だった。なぜその町を選んだかといえば、アサガヤという音の響きが美しかったからという単純な理由でしかない。駅前の不動産屋に入って、「この町で一番安い部屋を紹介してくれ」と頼んで紹介されたのが風呂なし四畳半の和室に、共同便所、共同炊事場という物件だった。平成元年当時で家賃一万八〇〇〇円、共益費四〇〇〇円、合計二万二〇〇〇円である。おそらく、本当に阿佐ヶ谷で最も安い部屋のひとつだったのではないかと思う。

木造二階建てのアパートの二階を借りたが、共同便所のドアに嵌《はま》っていたすりガラスに、鉛筆で「造反有理」と大書されていたことをいまでも思い出す。部屋は微妙に傾いていて、机の上に置いた鉛筆が勝手に転がった。隣の部屋には映画の助監督が住んでおり、そのまた隣の部屋には自称商社マンが住んでいた。映画の助監督はまだしも、商社マンともあろうものが築何十年という木造のおんぼろアパートを借りるはずがない。共同炊事場で顔を合わせたとき、

「いやぁ、遠いところに一戸建てを買っちゃったんで、自分だけここから会社に通っているんです」

などと馴れ馴れしく話しかけてきたが、どことなく胡散臭《うさんくさ》い人物であった。

共同炊事場で、商社マン氏が誤って私のラーメンの丼を割ってしまったことがあった。申し訳ないからこれを使ってくれと言いながら彼が差し出したのは、私の割れた丼よりもはるかに貧相な瀬戸物だった。本物の商社マンだったらもうちょっとましなものを寄越しそうなものだと思ったが、いま思えば、商社にもピンからキリ

まであるのだろう。

映画の助監督については、隣にそういう職業の人が住んでいると大家から聞いただけで、顔を合わせたことは一度もなかった。しかし、ひょんなことでかかわりができた。

そのアパートには、当時としてももはや珍しかった呼び出し電話があった。ほとんど誰も使っていなかったが、一度だけ、休みの日の朝に呼び鈴が鳴ったことがある。階段を駆け下りてピンク色の電話機の受話器を取ってみると、

「○○映画の者ですが、××さんを呼んでください」

と声の主が言う。本当に映画の助監督だったんだと半ば感心しながら、階段を駆け上がって隣の部屋のドアをノックすると、薄っぺらい木のドアがギイと音を立てて開いてしまった。

部屋はやはり四畳半で、半分をベッドが塞いでいた。ベッドの上に部屋の住人の姿はなく、残り半分にはカップラーメンの殻や、スナック菓子の袋、雑誌、マンガ、コンビニのおかずのプラスチックケースなどが、大げさでなく三〇センチ近くも堆積していた。それでも意外に匂わなかったのは、すべてのものがカラカラに乾き切っていたからである。おそらく助監督氏は、私が入居する何カ月も前から部屋に帰

っていなかったのだろう。

呼び出し電話に戻って、

「××さん、いませんけど」

と言うと、

「まったく、参るよなぁ」

と言って電話は切れた。結局、そのアパートを出るまで助監督氏の顔を見たことは一度もなかった。

もうひとりの住人は、斎藤さんという名前の警察官だった。なんでも、そのアパートの部屋を警察が寮として借り上げているという話だった。なぜそんな事情がわかったかというと、ある日の晩、へべれけに酔っぱらった斎藤さんが、間違って私の部屋に乱入してきたからである。

「本官は、青森県の出身でして、ええっと、○○警察署に勤務しております」

斎藤さんは荒い呼吸で律儀に自己紹介をしてから、自分の部屋に戻っていった。

それから数日たったある日、アパート近くの商店街を歩いていると、向こうからやってきた巡回中のパトカーが突然、目の前で止まった。助手席から警官が飛び出して、こちらに駆け寄ってくる。

「山田さん！」

なぜ私の名前を知っているのかと思ったら、斎藤さんだった。

公道の真ん中にパトカーを止めたまま、斎藤さんは先日の非礼をお詫びしたいと言って頭を下げるのだが、周りの人がじろじろ見るので気まずかった。

その、家賃二万二〇〇〇円のアパートに住んでいた時代、一番の悩みのタネは風呂代だった。当時の東京の銭湯代は、たしか三〇〇円ぐらい。その後、毎年のようにじわじわと値上がりを続けていまや四五〇円もするのだが、当時としても決して安いとは言えない金額だった。仮に毎日銭湯に入ったとすると、月に一万円近い出費になる。あと一万とちょっと足せば、風呂つきのアパートに入れる金額になってしまう。せっかく風呂なしアパートでがんばっているのに、銭湯にこんな大金（でもないが）をつぎ込むのはナンセンスというものである。

そこで私は、銭湯代を節約する方法を考えたのである。

いまでもときどき見かけるが、コインランドリーの横にコインシャワーというものが付随していることがある。私のアパートの近くにも、たまたまこうしたつくりの施設があった。そこで私は、銭湯に行く回数を大幅に減らして、コインシャワーを多用することにしたのである。なぜなら、銭湯よりも格段に安かったからだ。

当時のコインシャワーは、水栓の横にある料金箱に一〇〇円玉を入れると五分間お湯が出た。五分あれば、なんとか全身を洗い流すことができる。しかし問題は、お湯を止めている間もタイマーが作動し続けることだった。お湯が出ている正味の時間が五分間なのではなく、一〇〇円玉を入れてから五分間はシャワーを使えるという仕組みなのだ。出しっぱなしでも五分、止めっぱなしでも五分、出したり止めたりしても五分である。

仮に、最初の一分間で髪の毛を濡らし、シャワーを止めて優雅にシャンプーなどしていると、シャンプーを洗い流そうと思ったときにはすでに五分が経過しているということになりかねない。万一、一〇〇円玉を一枚しか持っていなければ、泡だらけの頭でアパートまで帰るハメになる。

かといって、コインシャワーごときに二〇〇円を投入するのも癪《しゃく》だ。あと一〇〇円足せば、銭湯の広々とした湯船に入れるのだ。しかも、ほとんどの銭湯が一二時過ぎまで営業していたから、時間制限などないに等しい。五分どころか、一時間入っても二時間入っても三〇〇円である。

そこで考えついたのが、水を持ち込む作戦であった。

併設のコインランドリーにある水道で、持参の洗面器にあらかじめ水を汲んでからコインシャワーに入るのである。その水で、まずは髪の毛を濡らしてシャンプーをし、次にタオルを濡らして石鹸を泡立て、そのタオルで全身に石鹸の泡を塗りたくってしまう。そうやって完璧な下ごしらえをした上で、やおら一〇〇円玉を投入するのである。

こうすればまるまる五分間、熱いシャワーを全身に浴び続けることができる。シャンプーと石鹸を洗い流すだけなら、五分で充分だ。冬場は水道の水が冷たいのが難点だったが、この方法なら一時停止をして貴重な時間を無駄にすることが一切ない。

私はこの方法を編み出して以降、確実に一〇〇円玉一枚でシャワーを済ませることができるようになったのである。

ケーキ責め

金がないと、食べ物についてもいろいろと考える。

もちろん金にさほど困っていない人でも、安くて、ボリュームがあって、しかもおいしいものを食べたいと願うわけだが、世の中、そんなに調子のいい食べ物はそうそう存在しない。コストパフォーマンスだけを考えれば、おそらく安い米を買ってきて炊いて食べるのが一番である。しかし米を炊くのは、少々面倒くさい。

一時期、餅ばかり食べていたことがあった。

野菜のごった煮のようなものを作っておけば、その中に餅をポンと入れて軽く煮るだけで主食とおかずをいっぺんに食べられる。丼をひとつ汚すだけだから、後片付けも簡単である。

しかし、安い餅にはそれなりに裏があることが徐々にわかってきた。一キロで二〇〇円台の餅を買ってきて野菜のごった煮の中に放り込むと、ちょっと煮ただけで跡形もなく溶けてしまうのである。スープの中にほぼ完全に拡散してしまって、野菜のごった煮がどろどろしたあんかけ風に変わるだけで、実に味気ない。砂を嚙む思いである。

ある日、この手の水中で拡散してしまう餅の袋を子細に点検していて、私は大発見をしてしまった。袋にはこう書いてあったのだ。

「国産もち米粉一〇〇%使用」

おそらくこの表示を読んだ人は、ああ、この餅は国産のもち米を一〇〇%使っているのだなと思うだろう。しかし、ポイントは「国産」と「一〇〇%」にはない。

この表示で重要なのは「粉」の一文字なのである。

つまり、この手の餅は、もち米ではなく〝もち米の粉〟でつくられているのだ。しかも、この手の餅は、私の睨《にら》んだところ、まったく搗《つ》いていない。杵《きね》搗きだとか機械搗きだとか、そういうレベルの問題ではない。そもそも搗いていないのである。ではどうやって餅にしているのかといえば、おそらく水で練っているのである。練って、固めて、乾かしているのである。逆に考えれば、もち米が粉末状になっているからこそ、水で練ることができるのだ。

粉々になってしまった安いもち米を練って餅に加工しているのか、搗くよりも練る方が安上がりだからわざわざ粉にしているのか、あるいは和菓子屋に卸すもち米粉の残ったやつを練って餅にしているのか正解は知る由もないが、この「国産もち米粉一〇〇%使用」の餅は、煮ても焼いても大変にまずかった。表面がプラスチックのようにツルツルしているのも、不気味だった。

こうして、日々食べるものについていろいろ悩んでいたとき、アパートの前をよく通るおばさんから声をかけられたことがあった。まだ二〇代後半の、若い盛りの頃である。

「あなた、ケーキ食べる？」

「はい、食べますよ」

「あらそう。それじゃあ、夜に持ってきてあげるわね」

世話好きそうな顔付きのおばさんは、その夜、本当にホールのケーキを持ってきてくれた。たしか、あまり好みではないママレードの乗った薄っぺらなケーキだったが、もち米粉の餅ばかり食べている身にとっては、夢のような出来事である。なんでも娘さんがケーキ屋でアルバイトを始めたのだが、帰るときに余ったケーキを毎日持たされて困っているのだという。

「あなた、ケーキ好きなの」

「もちろん好きです」

その日から、夕食は毎日ケーキになった。しかも、直径二五センチぐらいのホールのケーキである。チーズケーキが一番多かったと思うが、ときにはアップルパイなどもまじった。娘さんがアルバイトをしている店は、結構、名の通ったケーキ屋であるらしく、どれもこれもなかなかの味だった。しかし、人間とは贅沢《ぜいたく》にできているもので、一週間もホールのケーキを食べ続けると、まったくありがた味がなくなってしまう。夜に食べ残したケーキを、翌日、朝食の代わりに食べたりすると、もう、うんざりである。

こうした極端な偏食を続けているうちに、体重は増えるどころか、どんどん減っていった。会社を辞めたときには八〇キロ近くあったのに、あっけなく七〇キロを切り、ついには六五キロを割ってしまった。これは、高校生の頃の体重である。肋《ろっ》骨《こつ》が浮いてきて、なんだか体に力が入らない。もともと色が浅黒いこともあって、写真に写った顔を見たら、インドのガンジー首相にそっくりであった。

少々不安になって、無料で受けられる区の健康診断というのに出かけていったら、案の定、血液検査で引っかかってしまった。ホールのケーキを食べ続けたせいで、きっとコレステロールの値が高くなってしまったに違いない。そう思い込んでいたら、医師の診断はまるで違った。

「コレステロールの値が低すぎますね。コレステロールがあんまり低いと血管が破けますよ」

「はあ。要するになんの病気ですか」

「君、お肉とかお魚とか食べてますか」

「あんまり食べてません」

「いまどき珍しいけど、栄養失調ですね。少し栄養のあるものを食べた方がいいですよ」

その頃は、近所のおばさんがケーキをくれたり、銭湯で惣菜《そうざい》を貰《もら》ったりするのを面白がっていた面もあるのだが、ケーキは思ったよりも栄養が乏しかったらしい。食べ物は見かけによらないのである。

天井が落ちてくる

当時の自分がいったいなにに憤っていたのかよくわからないが、漠然と、山手線の内側で働いている人間は信用できないと思っていた。

新卒で入った会社を辞め、アルバイトで食いつなぎ、その後に契約社員で入った出版社で編集の仕事を少しだけ齧《かじ》った。

その会社にはワンマンのオーナー社長がいて、社長派と反社長派が年がら年じゅう権力抗争を繰り広げていた。反社長派の旗色がよくなると、突然、社長が巻き返しのために粛清人事を発表する。その発表の仕方が奮っていた。巻紙に社長直筆の筆書きというスタイルで、左遷される人の名前と異動先の部署が張り出されるのである。

その巻紙が張り出されるたびに、白昼から会社の近くにあるいくつかの喫茶店で密談が行われ、抱き込み工作が始まったり、寝返る奴が出たりで、まるで漫画かドラマでも見ているようであった。

その会社が山手線の内側にあったので、山手線の内側の人間は信用できないと思うようになったのかもしれない。その会社の内部が異常な状態だったことも間違いないが、同時に当時の自分が被害妄想的であったこともまた、間違いのないことである。

人事抗争に明け暮れしている出版社にいつまでいても未来はないと、後先考えずに三年半で辞めて、フリーライターを名乗った。しかし、いくら名乗ってみたところで、はいどうぞと仕事をくれる人はいない。実績も、コネも、なにもないのだ。しかも、山手線の内側の人とは仕事をしたくないとなると、営業をかける相手はごくごく限られてしまう。

独立後しばらくして、出版社時代の発注先だった編集プロダクションから、単行本のゴースト（代筆）の仕事を貰えることになった。その会社は渋谷区の桜丘町にあったから、ぎりぎり山手線の外側である。しかし、ギャラは想像していたよりもはるかに安かった。しかも本などというものは、いくらゴーストだからといって、そう立て続けに書けるものではない。資料を読む時間も含めて、二カ月で一冊書ければいい方だ。独立したら、たやすく印税生活に入れると思っていたのだが、その見込みがまったく甘かったことを思い知らされた。

狭いアパートの一室に籠って、ろくなものを食べずに闇雲にタバコばかり吸いながら、日がな一日キーボードを叩き続ける。ゴーストの仕事は体に悪いだけでなく、精神にも悪影響が大きかった。何冊書いたところで、しょせん自分の名前は世の中に出ないのだ。私は、ひどく世の中を恨む人間になっていった。

そんな、どん底のような生活を一〇年近くも続けて、忘れもしない、三〇代の半ば頃に、それは起こった。

桜丘の編集プロダクションから、初めてムックの仕事を請け負った。ムックとはブックとマガジンの間の子のような書物のことである。毎度毎度、締切は厳しかったのだが、その時は、極端に締切が早かった。注文の電話を貰った日から締切まで、たったの二週間しかない。内容は経済状況に関するインタビュー集で、五人の著名なエコノミストが登場するという体裁のものだったが、一人当たり原稿用紙五三枚ジャストで書いてくれという注文である。ひとり分を三日で書いても、一五日かかってしまう。仕事も金も欲しかったのだが、請け負う前から締切に間に合わないことは見えていた。

「ちょっと無理だと思います」

「君にしかできないんだ」

「いくらなんでも締切が早過ぎます」

「山ちゃんしかいないんだよ」

たぶん、後者が本音なのだろう。他のライターは、条件を聞いてみんな逃げてしまったに違いない。結局私は、その仕事を引き受けてしまった。

私が敬愛する開高健という作家は、月産六〇枚という遅筆だったそうである。一方、やはり私の敬愛する松本清張という推理作家は、月産三〇〇〇枚だったという。一日当たり、一〇〇枚の計算だ。これはいくらなんでも速過ぎるというので、常にゴーストライターの存在を疑われていたそうだが、清張の死後もそうした存在が明らかになったとは聞いていない。

清張には一日一〇〇枚書けたかもしれないが、私にとって、五三枚の首尾一貫した原稿を三日で書くのは、しんどい作業だった。しかも、一日でも息抜きの日を入れてしまったら、絶対に間に合わない。灰皿をタバコの吸い殻で山盛りにし、ストレス解消のために好物のピーナッツチョコレートを一気食いしたりしながら、私はどうにかこうにか二週間でこの仕事をやり遂げた。納品した日は、文字通り、泥のように眠った。

そして翌朝、目を覚ますと、天井が落ちてきたのである。

いったいなにが起きたのか、まったく理解できない。ただ、じわじわじわじわとアパートの天井板が落ちてくる。そして、両側の壁も横たわっている私の方に向かってじわじわじわじわと倒れかかってくる。横隔膜が肺に張り付いてしまったような感じで、深く息を吸うことができず、やたらと冷や汗が出る。

「このままでは死んでしまう。とにかく部屋を出なければ」

なぜか、そういう考えに取り付かれて、慌てて着替えて外に飛び出すと、強烈な不安感が腹の底の方から肺を突き上げてきた。

「誰かに会って、この状況を話さないと死んでしまう」

そのまま駅まで走って、電車に飛び乗った。電車で四〇分ほどのところにある実家に行こうと思ったのである。

ところが、電車のドアが閉まったとたん、両脇から大量の冷や汗が流れ落ちるのがわかった。息ができない。たまらず次の駅でホームに飛び下りて、浅い呼吸を何度も繰り返した。

「早くしないと、死んでしまう」

後続の電車がホームに滑り込んでくる。意を決して乗り込む。冷や汗。呼吸困難。再び下車……。

ひと駅乗っては降り、ひと駅乗っては降りという、いま思えば滑稽な行為を繰り返して、普通なら四〇分で着くところを一時間以上もかけてようやく実家のある駅にたどり着いた。駅から歩いたのか走ったのかよく覚えていないが、夢中で実家のドアのベルを鳴らすと、すでに年金暮らしに入っていた両親がいた。

「なんだかわからないけど、このままだと死んでしまう」

「どうしたの、どこか痛いの」

驚いた母親が叫んだ。

「痛いんじゃなくて、息ができなくて、恐ろしくて、このまま死んでしまいそうだ」

他に説明のしようがなかった。「このまま死んでしまいそうだ」というのが、一番、適切な表現だったのである。

「落ち着け、病状を言え」

父親が言った。

「どこも痛くないし、怪我もしてないけど、本当に死にそうなんだ」

「そうか、そういうときはな……そういうときは、酒を飲め」

父親は台所へ立っていって、一升瓶とガラスのコップを持ってきた。父親がガラスのコップになみなみと注いでくれた日本酒を一気に飲み干すと、一瞬、瘧《おこり》のようにぶるぶると震えが来た後、緊張が一気に解けていくのがわかった。相変わらず呼吸は苦しく、不安感は消えなかったが、激しい興奮状態は収まった。

私の父親は酒飲みで、サラリーマンとしてはいまひとつうだつの上がらない人間だったが、このときだけは、父親の助言が役に立った。本当に、酒が効いたのである。

放火犯

この日以降、発作のような状態は起こらなかったものの、私は常時、得体の知れない不安感につきまとわれることになった。通常の不安感は、原因が取り除かれれば消えてなくなる。しかし今回は、そもそも不安の原因がわからないのだから取り除きようがない。常時、腹の底の方からピリピリした不安感が胸のあたりまでせり上がってくる。

たとえて言えば、底なし沼の下の方に向かって駆け下りるジェットコースターに、ずっと乗り続けているような気分である。本物のジェットコースターならばどこかの時点で必ず坂を駆け上がるものだが、私が乗ったジェットコースターには上りがなく、高速で落下し続けるような感覚が一日中続くのである。

不安感は強くなったり弱くなったりを繰り返したが、強まると天井や床が迫ってきて呼吸が苦しくなる。外へ出るといくらか楽になるが、部屋に戻ってくるとまた苦しくなる。飛び出す。苦しくなる。飛び出す……。

こんな、傍《はた》から見ればおそらく馬鹿みたいなことを繰り返しながら原稿を書くのは、苦しい作業だった。なにしろ、三〇分以上机に座っていることができないのだ。

ある日、健康雑誌の編集長とたまたま話す機会があったので自分の状況を話してみると、

「それ、パニック障害っていう病気だよ。いま、すごく増えてるらしいよ」

とあっさり言われてしまった。

そこで、パニック障害を解説する冊子に載っていた心療内科を受診してみると、本当にパニック障害という診断であった。気味の悪い病名だと思った。不気味に小さなセロトニン再吸収阻害剤という錠剤と、漢方薬を処方された。飲んだらすぐに

効くような薬ではないと前もって医者から言われたが、たしかに飲んでもほとんど効果を感じることはできず、心療内科に通院を始めてから丸二年の間、来る日も来る日もひどい不安感にさいなまれ続けた。

相変わらず金はない。病気は治らない。

本気で自殺をしたいと思ったことはないし、両親が健在だったから、心のどこかにいざとなったら助けてもらえるという甘い気持ちもあった。だが、先の見えない毎日に、精神は荒《すさ》み切っていた。些細なことでひどく腹が立った。ファックスを送信しようと思ったら三枚重なったまま送られてしまったといっては、家電メーカーの相談窓口に怒鳴り込んでみたり、向かいのアパートのエアコンの室外機の音がうるさいといっては、その室外機に大きな貼り紙をしてみたり、アパートの前を定期的に通るボトルカーの排気ガスが臭いといっては、警察に通報してみたり……。いま思い出しても、完全に病んだ人間だった。

ある晩、いつものように呼吸が苦しくなって、外へ飛び出した。

当時、苦しい気分になると、アパートから歩いて一五分ほどの距離にあった善福寺川という川沿いの遊歩道をよく歩いた。ゆっくり歩いていると不安感が少し薄れるので、この遊歩道を歩きながら資料を読んだり、本を読んだりしたこともあった。

その晩は不安感に、ひどくイライラした気分が加わっていた。埒《らち》のあかない人生に、なにか不当なものを感じていた。

心療内科の医師に向かって、「神はいない」と言ってみたことがあった。クリスチャンである医師は、「神は存在を問うものではなく、存在を信じるものだ」と言い返してきた。その医師が、教会はいつでも開いていてあなたを受け入れるというので、真夜中の礼拝堂に出かけていったこともある。本当に礼拝堂のドアは開いていたが、私には信じ切るということが、どうしてもできなかった。

もう、一時を過ぎていただろうか。遊歩道の途中にある公園に、放し飼いの犬が何匹もいるのに出くわした。七、八匹もいるだろうか、中には子供の背丈ぐらいある、白くまのような大型犬もいる。おそらくその公園は、犬の飼い主たちの溜まり場なのだろう。人気の少なくなった夜中なら苦情も出ないだろうと踏んで、みんな揃《そろ》って放し飼いにしているに違いなかった。赤信号みんなで渡れば怖くないというわけだ。

私は、確認したわけでもないのに、そういう考え方をしているであろう飼い主たちに無性に腹が立った。ひとりで放し飼いにしているならまだ許せるが、集団にならないと放し飼いひとつできないというのは、いかにも日本人的な感じがして、情けない。横並び。長い物には巻かれろ。寄らば大樹の蔭……。そうだ、そういう言葉が嫌いだから、そういう人間たちが嫌いだから、そういう国家が嫌いだから、そういう生き方をしたくないから、自分は大企業を辞めたのだ。

こいつら、許せねえ。

「ちょっと、あんたたち、この公園は放し飼い禁止ですよ」

私は、集まって歓談をしている飼い主たちに向かって言った。

止んで、薄暗がりの中、飼い主たちがこちらに向かって近寄ってきた。話し声がぴたりとうことか、放し飼いにされている犬たちも、ただならぬ気配を察知したのか、それぞれの飼い主の足元にぴたりと寄り添って、私の方に向かってくるのである。総勢、七人と七、八匹。あの、白くまのような大きな犬もこちらに向かってくる。太ったブルドッグもいた。ブルドッグは、顔は剽軽《ひょうきん》なくせに性格は獰猛らしく、闘牛の牛のように前足で土を掻《か》きながら、明らかに私を威嚇する唸《うな》り声を上げているのである。

「子供が噛まれたら、どうするんだ。早く鎖につなげよ」

「子供なんて、どこにもいないじゃありませんか」

リーダー格らしい中年女性が、一歩私の方に踏み出して言った。

「この子たちは絶対に人を嚙みませんけれど、万が一ということを考えて、こうしてわざわざ深夜を選んで放し飼いにしているんですよ」

まるで、自分たちが配慮をしてやっていると言わんばかりである。私の血圧は、一気に上がった。

「あのさ、この公園は何時だろうと犬の放し飼いは禁止なんだよ。都の条例で決まってるんだよ。さっさとつなげよ」

「こんな時間に公園を散歩してる人なんていませんよ。だから私たちは……」

「俺がいるだろ。それに、世の中には犬が嫌いな人間、犬が怖い人間もたくさんいるんだ」

「この子たちは、日中、自由に駆け回ることもできないで、鎖につながれていなければならないんですよ。人間の勝手で、この子たちが走り回れる場所がどんどん少なくなってしまったの。せめて夜中の公園ぐらい、この子たちが自由に駆け回れるようにすべきよ」

「そんなに可哀想なら、都会で犬を飼うのをやめればいいじゃないか」

中年女性は、言葉に詰まった。私はたたみかけた。

「放し飼いがそんなに正しいというなら、いまから一緒に警察行きましょうよ」

「あなたねえ……」

私は財布の中に入れていた名刺を取り出して、女性の目の前に突き付けた。

「僕は間違っていないから、こうして堂々と名乗ることができるんだ。あんたも名前を言えよ」

中年女性はいかにも悔しそうに顔をゆがめたが、とうとう名前は名乗らなかった。ブルドッグは、よだれを垂らしながらうーうー唸り続けている。

「ほら、後ろめたいことをやってるから名乗れないんだろう」

「あなた、あなたみたいな人はねえ……この、人間至上主義者！」

中年女性がこう絶叫すると、飼い主たちは私から遠ざかっていった。遠ざかりながら、「ああいうのいるよね」とか「危ない奴」などと言葉を交わし合っているのが、切れ切れに聞こえてきた。

私はたぶん議論には勝ったのだと思うが、溜飲を下げたというよりも、なぜかひどく悲しい気持ちだった。それは必ずしも、危ない奴呼ばわりをされたからではなかった。

ちょうどその頃、隣の高円寺という町で連続放火事件があった。わずかな日数のうちに、ボヤが四〇件以上も起きたのである。出火場所はいずれもＪＲ高円寺駅周辺のエリアだったから、地元の人間の犯行に違いないとニュースでは言っていた。

そのニュースが流れた直後、私は新聞配達のバイクに乗った若者と遭遇した。なぜ、その若者を特に覚えているかといえば、ものすごくイライラしながら配達をしていたからである。それは、思わず立ち止まって見とれてしまうほどのイライラぶりで、猛烈な勢いで走ってきて急ブレーキをかけたかと思うと、バイクのスタンドを蹴飛ばすように立て、まるで新聞をポストに叩き込むようにして配っていくのである。その後も何度か見かけたが、何度見ても、最初に見たときと同じようにものすごくイライラしていた。

しばらくたって、高円寺の放火犯人が捕まったというニュースが流れた。犯人は、若い新聞配達人であった。私は、直感的に「あいつに違いない」と思った。あれだけイライラしている奴は、この世にそうはいない。絶対に、奴だ。

ニュースによると、捕まった放火犯は、地方から上京してきて新聞の専売所に住み込みをしていた青年だった。四〇件もの放火をした理由は、

「寮の部屋にエアコンがなくて暑かったから」

であった。

アナウンサーは、意味不明の動機だと言っていたが、私にはその青年の気持ちが

わかる気がした。

いま思い返しても、あまりにも荒んだ生活だった。

そんな生活に終止符を打ってくれたのは、あの、人事抗争ばかりしていた出版社時代のデスクだった。ぼんやりと駅の階段を上っているとき、突然、声をかけられた。

「おい山田、俺だよ、Tだよ」

Tさんは、例の出版社の中では珍しく中立的な立場を貫いた人だった。そのせいで、私が辞める二年前にクビになってしまったのだが、辞めるときに「次はお前だぜ」と不吉な言葉を言い残した切り、私の前から完全に姿を消してしまった。

私は会社側からクビを宣告されたわけではなかったが、Tさんの予言は半ば当ったようなものだった。

「お前、いまなにやってんだよ」

飄々《ひょうひょう》とした物言いを聞いて、懐かしさがこみ上げてきた。

「単行本のゴーストです」

「ゴーストなんてつまらないことやってんじゃねえよ」

「だって、メシ食わなきゃなんないし」

「俺が雑誌に署名で書けるようにしてやるよ」

Tさんもやはり、フリーのライターになっていたのだ。

半信半疑だったが、数日後、Tさんは本当に一流雑誌の編集者を紹介してくれ、共同執筆という変則技で、私に生まれて初めて署名記事を書かせてくれた。その記事の評判がよかったこともあって、徐々にいろいろな雑誌から仕事が舞い込んでくるようになった。雑誌の仕事は、単行本のゴーストに比べれば原稿用紙一枚当たりの単価がはるかに高かったから、あれよあれよという間に私の収入は二倍になってしまった。

私は新卒で会社を辞めて以来、本当に久しぶりに、ほっとひと息つくことができたのである。

尾行

それから、Tさんとよく飲むようになった。すべて、Tさんのおごりである。いくら雑誌の仕事は単価が高いといっても、決して金持ちになったわけではなかった。元が悲惨過ぎたのである。渋谷の安い居酒屋で待ち合わせては、チューハイとホッピーと味噌キャベツだけで何時間も粘った。

Tさんには妙な癖があった。癖というより、習性と言うべきだろうか。

「お前さん、ゆっくり振り向きながら、斜め後ろにいる奴を見てみな」

言われた通りゆっくりゆっくり振り向いてみると、耳にイヤホンを突っ込んでラジオを聞いている中年男がいる。

「ありゃ公安だ。つけてやがる」

「普通の客ですよ」

「馬鹿野郎、普通の客が居酒屋でラジオを聞くか。あれは無線だ」

Tさんは学生運動をやった人だった。週刊誌の記者時代には、中海《なかうみ》の干拓阻止の論陣を張ったこともあったという。泊まり込みで中海に取材に行き、夜、地元のスナックで飲んでいると、店に入ってきたふたりの中年男にいきなり両脇を抱えられて、

「お兄ちゃん、いい加減にしなよ」

と凄まれたそうである。そのふたりも、Tさんに言わせれば公安である。

家族五人で鎌倉に遊びに行ったときも、公安に尾行された。

「電車で公安を巻くにはよ、発車のベルが鳴り終わってドアが閉まる瞬間、ホーム

に飛び降りるんだ」

Tさんは四人の家族にこの方法を教え込み、鎌倉駅の手前の駅で、五人揃っていっせいのせいでホームに飛び下りたそうだ。

それでなんとか公安を巻けたとTさんは言うのだが、ホームに降りた長女から、

「公安の人って、お父さんを尾行してなんのメリットがあるの」

と質問されたそうである。

私も長女と同意見で、Tさんの公安話はほとんどが被害妄想の産物だと思っている。さすがに中海の一件は本当だと思うが、もはやTさんは公安に尾行されるほどの危険人物でもなければ、危険な原稿も書いていない。いや、はっきり言ってしまえば、Tさんはその頃からほとんど原稿を書いていなかったのである。

私はTさんと頻繁に飲むようになるまで、彼の過去を詳しく聞いたことがなかった。例の出版社ではお互いに中立的な立場だったとはいえ、感情的な対立がなかったとも言えなかった。人心の荒廃した職場では、どうしても無用の諍《いさか》いが起こる。ふたり切りで飲んだことなど、ほとんどなかったのだ。

あるとき、例によってTさんのおごりで飲んでいて、どういうはずみだったか忘れたが、学生運動の話になった。Tさんは決して、その時代のことを得意気に話す

人ではない。

「ある日よ、校舎の屋上から学生が突き落とされて殺されたんだ。それを知った瞬間に俺は、セクト争いは絶対に間違ってると思った。どんなに正しいことを主張してるつもりでも、人を殺しちゃいけない。敵も味方も、みんなを生かさなくちゃいけない。いいか、味方だけじゃなくて、敵も生かさなくちゃいけないんだ。だから俺は、多神教徒なんだよ」

　私は学生運動のことなどなにも知らない。セクトの区別も、ヘルメットの色の区別も知らない。だから当時Tさんがなにに憤り、それをどのような言葉で、どのような行動で表現しようとしていたのかもわからない。

　Tさんはその殺人事件の後、大学の自治会民主化のために立ち上がり、民主的な手続きによる自治会長選挙の実施に漕ぎつけて、自ら自治会長に当選した。

「ところがよう、学部長に当選しましたって報告に行ったら、なんて言ったと思う」

「おめでとうじゃなさそうですね」

「T君、世の中そんなに甘くないんだよってぬかしやがった」

　民主的な選挙によってTさんが自治会長に選ばれたにもかかわらず、学部長はあるセクトの学生を自治会長として公認したのである。そのセクトが自治会を牛耳って治安の維持を図る、その見返りとして、学部から自治会費を受け取るという密約があったらしい。

私には、青年だったTさんが受けた心の傷がどれほど深いものだったのか、想像もつかない。Tさんはこの出来事の後、大学を中退してしまったという。

来年はいい年にしましょうよ

私は、Tさんのお蔭で栄養失調になるような生活から、なんとか脱出することができた。しかしその後も、いろいろなことがあった。とても短い紙幅の中では書き切れないが、もしも人生というタイトルのメニューの中に、幸福のリストと不幸のリストが載っているとしたら、私はそのふたつのリストのうちの、相当な数を味わったのではないかと思う。もちろん不幸のリストだけでなく、幸福のリストもだ。

Tさんは、日本のマスメディアの節操のなさに絶望して、活字に対する最大の侮辱は活字をグラムで売ることだという独自の発想から、一時期ちり紙交換屋をやっていたことがあったという。

私にはそんな大層な意図はなかったものの、食い詰めたときに、靴屋、植木屋、椅子の据え付け工事といろいろな仕事をやった。工事現場でもののように扱われたときには、これが人生の底辺かと思ったこともあったし、靴屋の社長から娘をもらってくれと暗に迫られたこともあった。もしもあのとき「はい」と返事をしていたら、私はいま頃、小さな靴メーカーの跡取りになっていたかもしれない。

こういう人生を波乱の多い人生だとか、浮沈の激しい人生だとか呼ぶのかもしれないが、もしそういう人生を送ってこなかったら、私はタクシードライバーの話に興味を持つ人間にはならなかったかもしれない。

あれはたしか、離婚をして、親権を取られて、子供だけでなくわずかばかりあった財産まですべて失ってしまった後の、師走のことだった。

子供と別離するストレスは想像していたよりもはるかに激しいもので、私は毎晩のように悪夢を見た。暗闇の向こうの方から、子供がこちらに向かって走ってきて両手で私を突き飛ばす。そうかと思うと、まだ幼いはずの子供が見る見るうちに成長して中学生ぐらいになって、「てめえのせいで、こんな人生になっちまった」と私に向かって悪態をつく。自分の叫び声で目を覚ますと、いつも枕が濡れるほど汗をかいていた。

そんな日々が、半年以上も続いた。日中眠くて仕方ないので睡眠導入剤を飲んでみたが、一向に熟睡できない。私はやがて、深酒をするようになった。もともとあまり量を飲める方ではなかったが、吐かない程度にだましだまし飲み続け、ある閾《いき》値《ち》を超えると、すべてがどうでもよくなる酩酊状態を維持できることを知った。一時的な現象ではあったけれど、それは私にとって救いだった。

その日も、東京のどこだったか、おそらく渋谷か赤坂界隈《かいわい》でそんな飲み方をして終電を逃してしまい、タクシーに乗り込んだのだった。ドライバーは私よりかなり年嵩《としかさ》らしい、恰幅《かっぷく》のいい人物だった。車に揺られていい気分になって、よもやま話を始める。最初は天気の話。野球もサッカーも好きではないから、景気の話。国道二四六号線から世田谷通りに入り、もう少しで多摩川を渡るというあたりで、ドライバーが身の上話を始めた。

「実は私、以前は会社の社長をやっていましてね」

「へえ、なんの会社ですか」

「まあ、輸入関係なんですが、バブルがはじけましてね」

「バブルでやられましたか」

「やられました。取引先が飛んでしまったんです」

「飛びましたか」

「飛びました」

元社長はその後しばらく、黙ってハンドルを握っていた。私には経営のことなど、わかりはしない。「飛ぶ」という言葉が「倒産」を意味するのか「逃亡」を意味するのかも、はっきりとはわからなかった。

多摩川を渡り切ったあたりで、元社長が再び口を開いた。

「私の会社自体は悪くなかった。まったく悪くなかった。順調に行っていたんです。私は経営者としてはね、よくやっていたんです。相手が飛んじゃっただけで、私の会社はまったく順調だったんですよ」

「ああ、そこの床屋の先で止めてください」

料金を払うとき、元社長はルームライトをつけてくれた。礼を言って降りようとすると、元社長が大きな声を出した。

「旦那、ちょっと待ってくれよ、これを見てくれよ」

取り出したのは、分厚い大学ノートだった。

「いいですか、一番左が日付。次が乗せた時刻と場所。その次が降ろした場所。次が運賃、そしてお客さんがどういう職業の人だったか。私はこれをね、毎回、全部記録しているんです。そして分析しているんです。分析して、いいお客さんを乗せるためには、いつどこに行けばいいかを毎日毎日考えて走ってる。だから、営業所でトップなんです。いつもトップの成績なんですよ。わかりますか、旦那」

元社長は、しきりになにかを訴えていた。やり場のない思いを、私に向かってぶつけていた。

Tさんは、「日本国のぺてんぶりを暴く、爆裂面白小説を書いてやる」とここ一〇年ばかり言い続けているが、一向に書く気配がない。いまはろくに仕事もせず、酒を飲むのもやめてしまって、一日中図書館に籠って怪し気な本ばかり読んでいる。

Tさんが一度、こんなことを呟いたことがあった。

「蓮の花の蕾《つぼみ》ってのは、みんな水面で咲こうと思って、上を目指して茎を伸ばしていくんだろう。でもよ、水面で花を咲かせられる奴なんて、ほんのひと握りなんだよ。みんな途中で、窒息しちまうんだ」

うだつの上がらない呑ん兵衛サラリーマンだった父親は、八〇を過ぎてからがんを患って、いま病院のベッドの上にいる。好きな酒の代わりに、点滴の針を体に入れている。

人生には思い通りにならないことがたくさんある。家族と別れたり、挫折したり、人から蔑まれたり、騙されたり、金が払えなかったり、仕事をクビになったり、ノイローゼになったり、病気に罹《かか》ったり。どんなに辛くても人は生きなければならないなどと私は思わないし、生きていさえすればいいことがあるとも思わない。最初から最後まで、辛いことばかりの人生も、たぶんある。

そして、人生で一番思い通りにならないのが、死だろう。どんなに死にたくなくても、いつか必ず人は死ぬ。死ぬのがどれほど怖くても、死は確実に近づいてくる。なぜ、人間は死なねばならないのか。いずれ確実に死ぬのに、なぜ、生まれなくてはならないのか。

私は、なんの答えも持っていない。なんの答えも持っていないが、にもかかわらず私は、Tさんに爆裂面白小説を書いてほしいと思うし、父親に、もう一度だけうまい日本酒を飲ませてやりたいと思わずにはおれない。

元社長は、分厚いノートをダッシュボードにしまい込むとこう言った。

「旦那、来年はいい年にしましょうよ。がんばってさ、来年こそいい年にしようよ」

「はい。いい年にしましょう」

私は、赤いテールランプが闇の中に消えていくのを見送った。

取材協力
国際自動車株式会社
三信交通株式会社
日本交通株式会社
日立自動車交通第二株式会社

＊本文の中には、一部誤解を招くような表現もありますが、取材対象者の言葉をありのまま伝えるという本書の性格上、そのまま記した箇所もあります。

文庫版へのあとがき

本書が私の初めての単著だと誤解している知人が多いのだが、実はこの本を出す前に、私は三冊の単行本を上梓している。出していただいたはいいものの、いずれも売れ行きは芳しくなかった。

言い訳になるかもしれないが、その三冊は紛れもなく自著でありながら、どこか自分の本になり切っていない部分があった。出版社側から持ち掛けられたテーマだったり、企画書の段階からさんざんいじり回されたりで、「やらされ感」を拭い去れないまま出版してしまった恨みがある。

そういう意味で、本書が初めての「自分の本」だと言ってもいいのかもしれない。テーマの選択から章立てのスタイルまで、まったくのフリーハンドで書かせていただいたのはかつてない経験であり、それを可能にしてくださったのは、ひとえに担当編集者・齋藤太郎氏のお力というほかない。改めて感謝を申し上げたい。

さて、本書の読後感として最も多く寄せられたのは、「切なかった」というものだった。私自身はそうした効果を狙って書いた積もりはないのだが、もしも本書を貫く最も強いイメージが「切なさ」だとすれば、それは登場する各々のドライバーが抱え込んでいる切なさに共振する何かが私の中にあった、ということかもしれない。

「切ない」と聞いてパッと頭に思い浮かぶのは、亡くなった祖母が母に寄越した葉書である。宛名のほとんどが子供のような平仮名の鉛筆書きで、最後の「殿」だけが漢字で書いてあった。

およそ裕福とは言えない農家に生まれ育った母は、女学校までは通わせてもらったものの、「女がこれ以上教育を受ける必要はない」と祖父から言い渡されて涙を呑んだ。果たせなかった夢をふたりの子供（姉と私）に託したが、ふたりとも母の理想とはかけ離れた人生を歩むことになった。

田舎出の娘が高度成長の熱気の中ではかない夢を見て、その夢が潰える様も見せつけられて、それでもいまだに努力さえすればすべては好転すると信じて疑わない姿は、一途で、愚かで、そして切ない。母の生き方を否定したいと思いつつ、ITだのスマートだの言われると、人生はそんなに簡単じゃないと思わず叫びたくなる。

そんな自分の煮え切らなさが書かせた本には違いないが、たぶん一生に一度しか書けない類の文章だと思う。それを文庫に収録していただけるのは、誠に幸せなことである。

著者記す

東京《とうきよう》タクシードライバー　朝日文庫

2016年２月28日　第１刷発行
2020年12月30日　第２刷発行

著　者　山田清機《やまだせいき》

発行者　三宮博信
発行所　朝日新聞出版
〒104-8011　東京都中央区築地5-3-2
電話　03-5541-8832（編集）
03-5540-7793（販売）
印刷製本　大日本印刷株式会社

ISBN978-4-02-261848-1